시크릿

SECRET

김지석의 사활과 수읽기

시크릿
SECRET

Ⓑ 361

차
례

내 머릿속을 공개합니다!

세계 최고의 기사들도 사활 책을 손에서 놓지 않는다

바둑을 잘 두기 위해 필요한 요소는 여러 가지가 있겠지만, 그중에서도 수 읽기가 가장 중요하다. 그렇다면 수읽기는 어떻게 해야 강해지는 것일까? 수읽기를 훈련하는 데 가장 좋은 방법은 사활 문제를 많이 풀어보는 것이 다. 세계 최고의 기사들도 사활 책을 손에서 놓지 않는다. 틈 날 때마다 펼 쳐보고 풀이를 궁리한다. 그 궁리의 시간이 기력을 향상하는 유일한 방법 이다.

　사실 종종 만나게 되는 대부분의 바둑 애호가들도 사활 풀이의 중요성 을 잘 알고 있다. 하지만 골치 아프고 귀찮고 어렵고 힘들어서 공부를 멀리 할 뿐.

프로들도 쩔쩔매는 톱클래스 문제들

나는 이 책에 그 어떤 문제들보다 골치 아프고 귀찮고 어렵고 힘든 문제들 을 신기로 작심하고 지난 1년 동안 열심히 고민하였다. 그리고 풀고 나면 그 어떤 문제들보다 그 성취감과 쾌감이 큰 스무 문제를 엄선하였다.

　머릿속에 문제가 떠오르면 다음 날 바로 동료 기사들에게 보여주고 풀어 보라 부탁했다. 이름만 대면 누구나 아는 기사들이 바둑판 앞에서 쩔쩔맸다. 어떤 문제들은 하루가 지나고 이틀이 지나도 좀처럼 풀지를 못했다. 나중에 풀이 과정을 보여주면, 이런, 아, 참 등의 탄식을 내쏟기 일쑤였다.

프로의 머릿속에서는 어떤 생각들이 켜지고 어떤 생각들이 꺼질까?

나는 이 책을 통해, 좀 더 정확히 말하자면 스무 문제의 풀이 과정을 통해, 바둑 애호가 여러분께 내 머릿속에서 벌어지는 모든 일들을 보여주고 싶었다. 첫 수는 어떻게 결정하는지, 되는 수와 안 되는 수는 어떻게 가려내는지, 어디까지 이득을 얻고 어디까지 내줄 것인지는 어떤 기준으로 결정하는지, 언제까지 생각을 밀고 나가고 어느 시점 생각을 멈춰야 하는지 등등, 그래서 결국 최선의 수는 어떻게 찾아지는 것인지 보여주고 싶었다.

반드시 지켜야 할 두 가지 원칙

문제 풀이를 시작하기 전 꼭 하고 싶은 당부가 있다. 첫째, 실전에서 수읽기를 할 때 바둑판에 놓아볼 수 없듯이 사활 문제를 풀 때에도 바둑판에 놓아보지 말고 머릿속으로 수읽기를 해야 한다는 것이다. 둘째, 쌍방 최선의 결과를 얻어낸 다음 정답을 확인해야 한다. 바둑판은 닫힌 세계이지만, 수의 세계는 열린 세계다. 생각의 세계는 무궁하기 때문이다. 위의 두 가지 원칙을 반드시 지켰으면 좋겠다. 그래야만 제대로 된 연습이 가능하다. 특히 상대의 응수를 제대로 생각하지 않으면서 섣불리 답을 확인하는 것은 좋지 않은 습관을 악화시킬 뿐이다.

바둑은 결국, 삶과 죽음 사이에서 벌어지는 무수한 일들

그리고 가장 중요한 사실을 꼭 염두에 두고 문제 풀이에 임했으면 좋겠다. 사활에서 집의 개념은 아무 의미가 없다. 오로지 삶과 죽음, 그리고 그 사이에 있는 여러 종류의 패들만 있을 뿐이다.

삶 ◄————————————————————————► 죽음
······ 한 수 늘어진 패   이단패   단패   이단패   한 수 늘어진 패 ······

삶과 죽음 한가운데 단패가 자리하고 단패를 기준으로 양쪽으로 삶 또는 죽음에 가까운 이단패, 한 수 늘어진 패 등 여러 종류의 패가 있다. 패의 종류는 무수히 많으며 그중에는 아직 적절한 바둑 용어를 갖지 못한 패들도 수두룩하다. 그중 몇 가지를 이 책에서도 보게 될 것이다. 아마도 굳은 머리를 말랑말랑하게, 발상을 유연하게 하고, 대안의 숫자를 늘려가는 데 도움이 될 것이다.

가령 흑선으로 자신의 돌을 살려야 하는 문제라면 자신이 만들 수 있는 결과 중에서 위 그림에서 가장 왼쪽에 위치한 결과가, 반대로 백돌을 공격해야 하는 문제라면 가장 오른쪽에 위치한 결과가 정답이 될 것이다. 따라서 수읽기를 하는 도중 자신이 지금까지 얻어낸 결과는 어디에 위치하는지

를 정확히 파악하는 것이 중요하다. 그래야만 그보다 좋은 결과를 얻기 위해 어떤 노력을 해야 할지 알 수 있을 것이다.

저기, 묘수가 있다!

자, 이제 시작이다. 이 책을 정독하고 풀이를 익힌다면 수읽기 속도와 정확성을 높이는 데 커다란 도움이 될 것이라고 확신한다. 출제자인 동시에 문제를 푸는 학생의 입장으로 이 책을 썼기 때문이다. 독자들은 내가 자주 사용하는 불필요한 수읽기를 빠른 시간에 정리하는 몇 가지 요령도 자연스럽게 익힐 수 있을 것이다.

마음을 다스리고 무한의 세계로 입장할 시간이다. 생각의 세계의 문을 열 시간이다.

저기, 묘수가 있다!

2018년 봄

김지석

김지석의 머릿속을 공개합니다!

시크릿
20+2

모양의 함정에 빠지지 마라

★★★☆☆

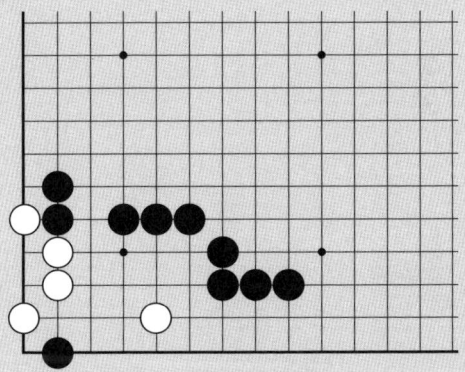

...

비교적 쉬운 문제 중 하나.
하지만 고정관념에 간혀 있으면 길을 찾기 어렵다.
자유롭게 생각해야 공략이 가능한 문제이다.

그림 1

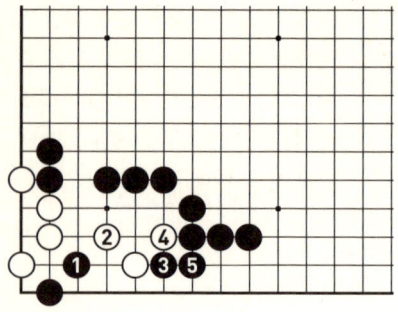

흑 1과 백 2는 서로 당연한 일감이라고 할 수 있다. 이후 흑 3, 5는 가장 보편적인 공격 방법이다.

그림 2

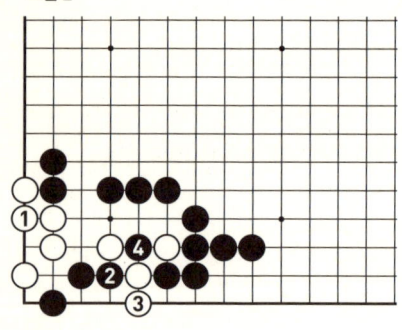

백 1로 한 집을 만드는 것은 흑 2, 4로 두어, 오른쪽 수상전에서 백이 한 수 부족이 된다.

그림 3

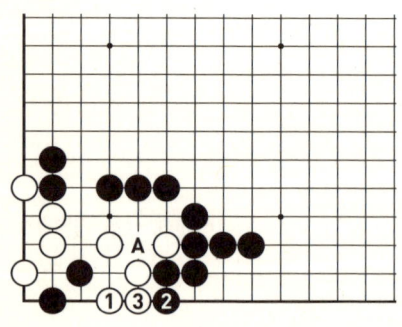

백은 1, 3으로 오른쪽을 보강하는 것이 정수. 이후 흑이 A에 먹여쳐서 단패를 만들 수는 있지만, 단패는 흑이 만족스럽지 못한 결과이다.

그림 4

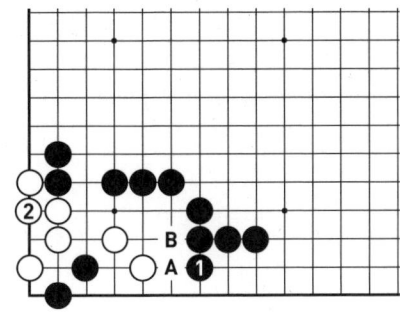

흑 1로 한발 늦춰서 공격하는 것은 백이 2로 두어 간단히 살게 된다. 흑 A, 백 B의 교환이 없기 때문에 흑은 오른쪽에서 별다른 수단을 만들 수 없다.

그림 5

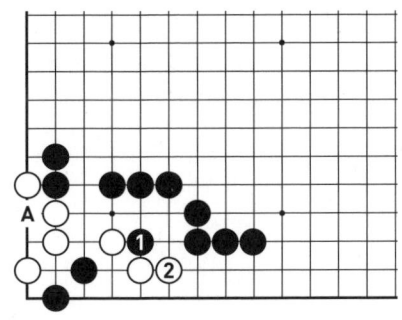

흑 1로 두어도 백은 2로 늘어서 잘 잡히지 않는다. 백 2로 늘어져 있는 모양은 흑 1의 돌이 A에 있어도 역시 잘 되지 않을 것이다.

그림 6

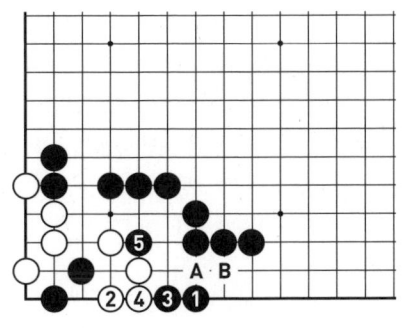

흑은 1의 한 칸 뜀이 좋은 수이다. 백이 2로 응수한다면 흑 3, 5로 두어 백 모양을 선수로 우그려뜨릴 수 있다. 흑 5를 둘 수 있다는 점이 그림 3과의 다른 점이다. 흑이 1로 둔 이후에 백이 A에 두는 것은 언제든지 흑 B로 응수하여 큰 의미가 없다.

그림 7

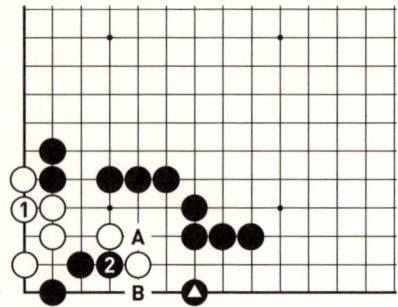

백 1로 지킨다면 흑 2로 두어서 A, B를 맞보기로 할 수 있다. ●가 1선에 위치하게 되면서 B로 넘어가는 수단이 생겼다.

그림 8

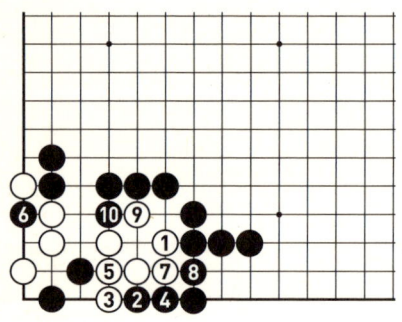

백이 1로 붙이는 버팀도 생각할 수 있다. 얼핏 백이 살았다고 생각하기 쉽지만 이후 흑 10까지 진행이 되면 백은 뒷 공배가 다 메워지면서 살 수 없게 된다.

그림 9

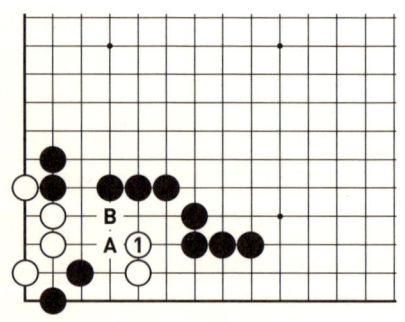

백은 A 대신 1로 버티는 수를 생각해야 한다. 이후 흑이 A로 바로 차단하는 것은 백 B로 두어 쉽게 안 되고, 백에게 B를 허용하면 궁도가 너무 넓어지기 때문에 백 1의 장면에서 흑 B, 백 A의 진행은 거의 절대라고 할 수 있다.

그림 10

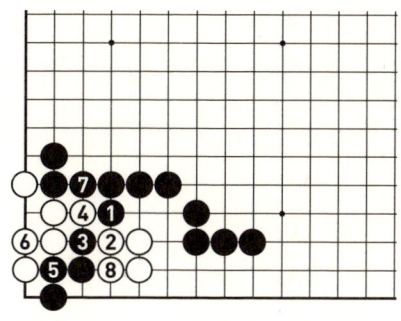

이후 흑이 3, 5, 7로 바로 수를 줄여 가는 것은 백이 8로 두면 패를 피할 수 없다. 이 그림은 흑의 실패.

그림 11

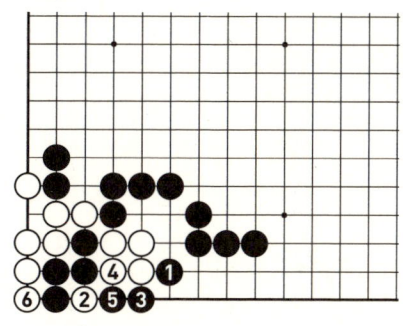

흑이 1로 오른쪽에서 접근해 가도 백 2가 좋은 수로 패를 피할 수 없다.

그림 12

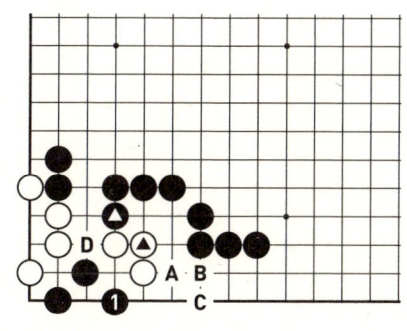

●와 ▲의 교환이 오른쪽 변화에 악영향을 끼치기 때문에 교환이 없을 때처럼 A~C 등으로 오른쪽에서 접근하는 수는 생각하기 힘들다. 따라서 흑 1은 급소이며 유력한 공격 방법이다. 흑 1 자리에 돌이 오면서 흑 D로 나가는 수가 생겼고 백은 그 약점을 지켜야만 한다.

그림 13

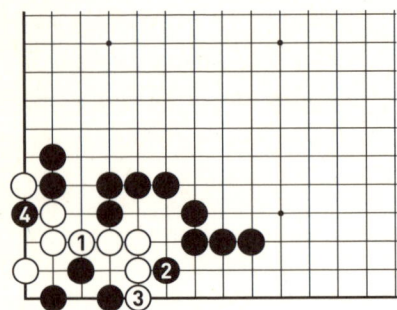

백 1로 단순하게 지키는 것은 흑 2, 4로 쉽게 잡히게 된다. 백이 1 대신 4로 두는 것 역시 흑 1로 나간다면 백이 잡히게 된다.

그림 14

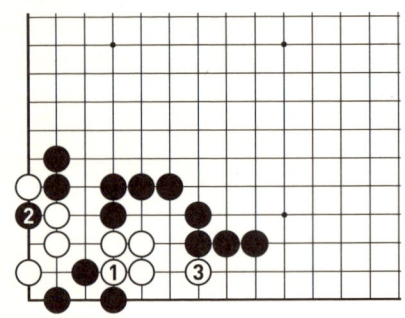

백은 1로 지키는 것이 정수. 이후 흑이 2로 먹여친다면 백 3으로 궁도를 넓혀서 흑의 실패이다.

그림 15

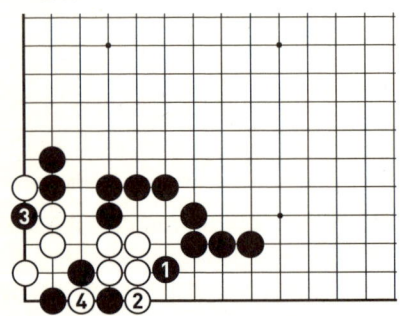

흑은 1, 3으로 한 수 늘어진 패를 만들 수 있다. 흑으로서는 지금까지 나온 결과 중 가장 좋은 결과이지만 더 좋은 결과를 노릴 수 있다.

그림 16

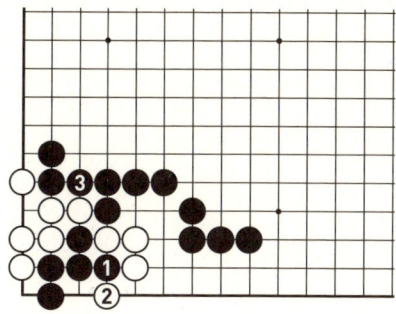

잘 안 된다고 생각했던 그림 10에서 흑 7 대신 흑 1로 넉 점을 오히려 키워 죽이는 것이 훌륭한 수이다. 백 2는 당연하며 흑은 3으로 뒷 공배를 메워간다.

그림 17

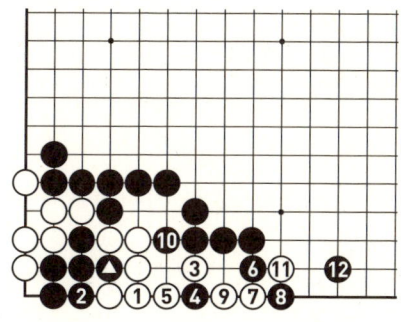

이후 백이 1, 3으로 두어도 흑 12까지 백은 살기 힘든 모양이다. 흑이 ●로 둔 이후에는 백에게는 별다른 변화의 여지가 없다.

그림 18

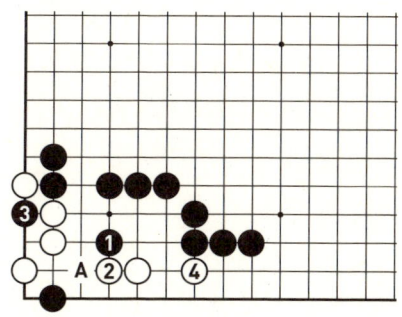

흑이 첫 수로 다른 수를 생각하기는 어렵다. 흑 1, 3으로 두는 것 역시 백 4로 붙여서 쉽지 않다. 흑은 첫 수로 A로 두는 것만이 백을 잡을 수 있는 유일한 방법이며 이후 그림 8, 17 등과 같이 백을 잡을 수 있다.

편견을 버리면 수가 보인다

★★★☆☆

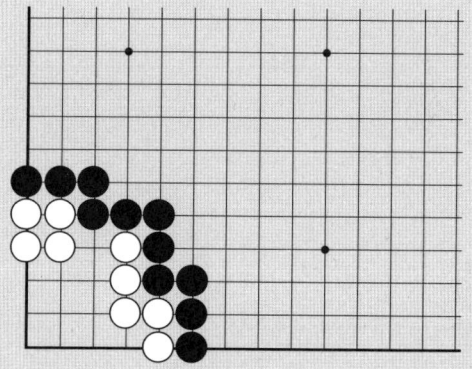

...

정답은 그리 어렵지 않지만
여러 종류의 패가 나오면서 패에 관한 개념 정리가
확실히 되어 있지 않다면 조금 헷갈릴 수 있다.

그림 1

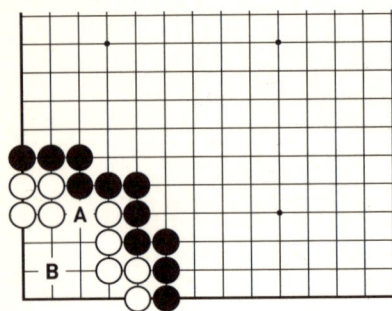

흑이 첫 수로 생각할 만한 수는 A, B 두 가지 정도이다.

그림 2

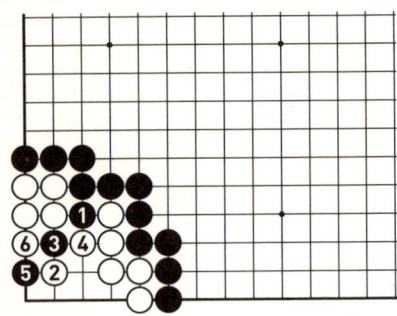

흑 1을 선택한다면 이후 6까지는 외길 수순이다. 흑은 도중에 다른 선택을 할 수 없다.

그림 3

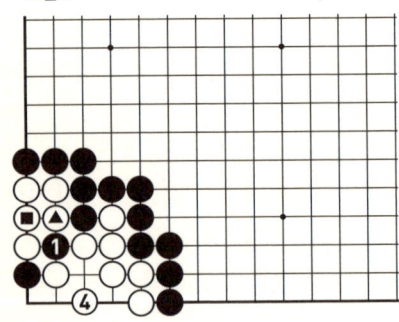

흑 1, 3으로 두는 것은 백이 4로 두면 양패로 살게 된다.

(■) … ❸

(▲) … ②

그림 4

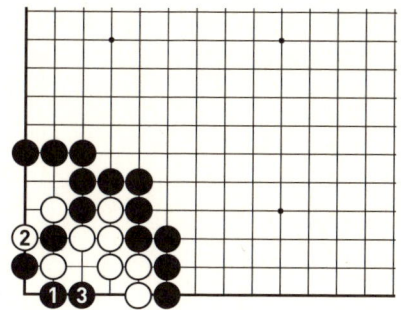

흑은 1, 3으로 늘어진 패를 만들 수
있다.

그림 5

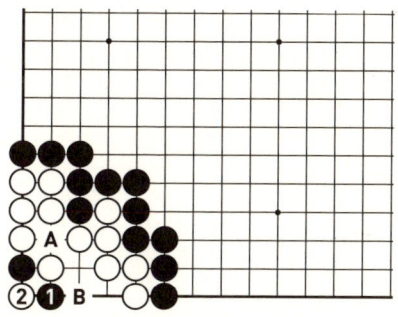

그림 2의 장면에서 흑은 1로 두는
수도 있다. 백은 일단 2로 패를 따
내다가 이후 A 또는 B로 진행할 수
있다.

그림 6

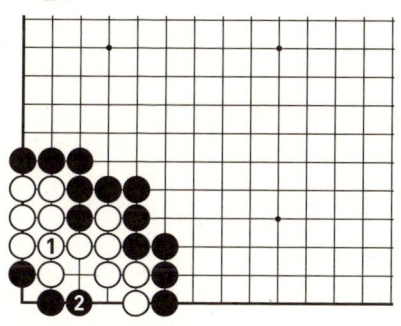

백 1은 단패는 아니지만 그림 4의
결과보다는 흑이 유리한 결과이다.

그림 7

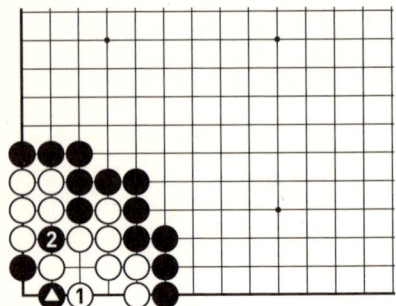

백 1은 흑이 불리한 이단패이다. 하지만 이 결과 역시 그림 4의 결과보다 흑에게 유리한 결과이기 때문에 ●는 최선의 선택이라는 것을 확인 할 수 있다.

그림 8

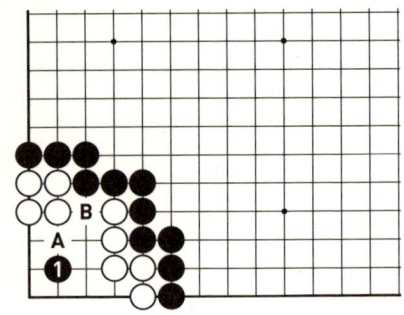

첫 수로 흑 1을 선택한다면 백에게는 A, B 두 가지 선택이 있다.

그림 9

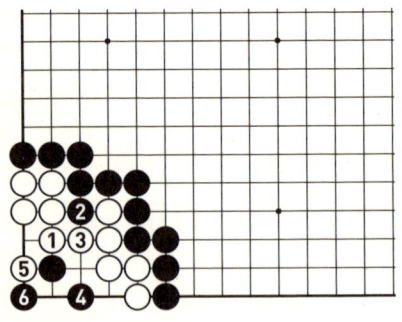

백 1을 선택한다면 이후 6까지는 외길 수순, 이단패가 된다. 이 결과는 지금까지 최선의 결과인 그림 5와 비슷한 결과가 된다. 백이 아쉽다고 할 수 있다.

그림 10

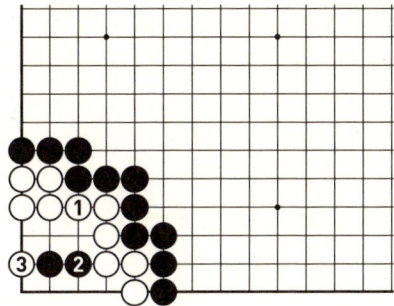

백 1로 둔 다음 2 자리에 백이 한번 더 오게 되면 흑이 두 수를 어떻게 조합해 두어도 백이 살아 있기 때문에 흑 2는 절대. 그 다음 백 3도 당연한 수라고 할 수 있다.

그림 11

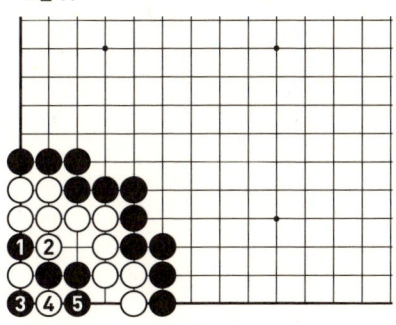

흑 1, 3, 5의 진행 역시 그림 5의 결과와 비교해 흑 입장에서 조금 아쉽지만 거의 비슷한 결과라 할 수 있다.

그림 12

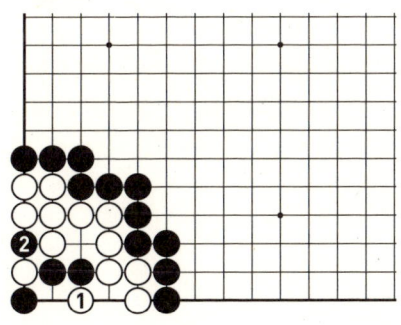

전 그림 백 4로는 본 그림의 1로 응수하는 것이 더 좋다. 이것은 한 수 늘어진 패로 흑이 그림 5에 비하여 확실히 불리한 결과이다.

그림 13

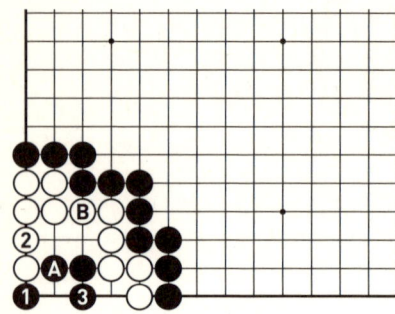

흑은 1로 두어서 패를 만들 수도 있지만 이것 역시 그림 5의 결과보다 흑이 불리한 패이다. 이로써 흑은 첫 수로 A를 선택하면 B보다 좋은 결과를 얻기 힘들다는 것을 알 수 있다.

그림 14

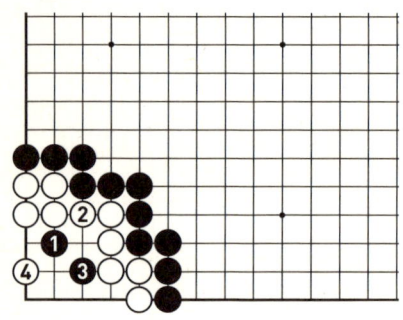

흑 1도 생각해 볼 수는 있지만 쉽게 되지 않는다.

그림 15

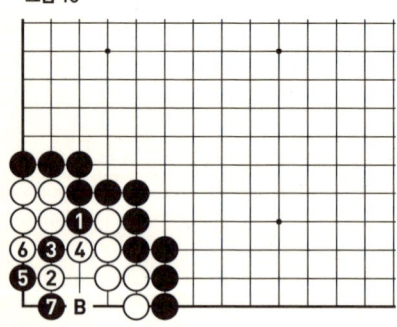

이 그림이 흑의 최선이며 이 문제의 정답이다. 백은 이후 상황에 따라 3, B를 선택할 수 있다.

늦추지 말고 조여라

★★★☆☆

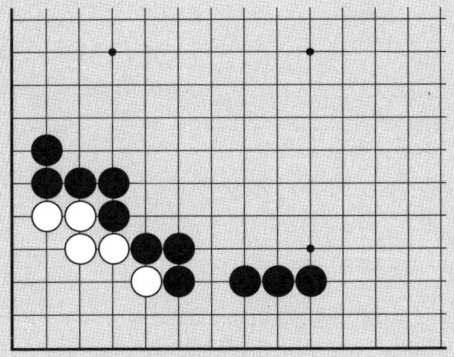

...

아주 오래전에 만들어서 언제쯤인지도
기억이 안 나는 문제. 비교적 쉬운 편에 속한다.

그림 1

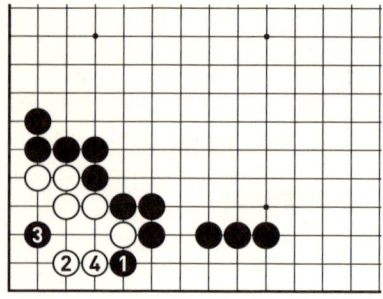

흑 1로 단수 쳐서 바깥쪽에서 좁혀
가는 것은 지금 상황에선 좋지 않
다. 백은 2로 두어 충분히 넓은 모
양을 만들 수 있다. 흑이 2의 자리
를 백에게 허용하는 것은 좋은 결
과를 기대하기 힘들다.

그림 2

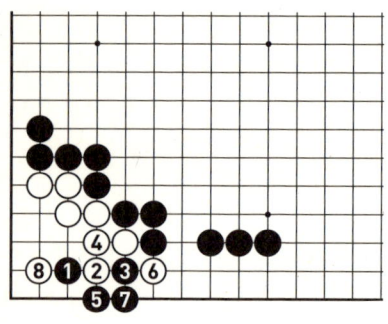

따라서 흑 1은 절대. 백 또한 2의
응수는 절대이다. 이때 흑이 알기
쉽게 3, 5로 넘어가려는 시도는 백
8 이후 공략할 수 없다. 3으로는 안
쪽에서의 수단을 강구해야 한다.

그림 3

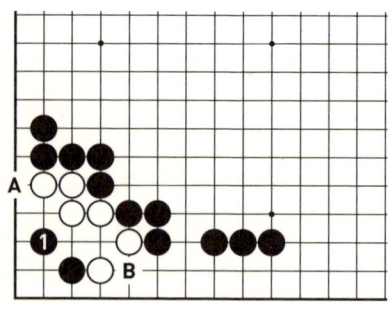

흑 1이 급소. 흑은 A에 젖혀서 백의
수를 조여 붙이는 것과 B로 넘어가
는 수를 노리고 있다.

28

그림 4

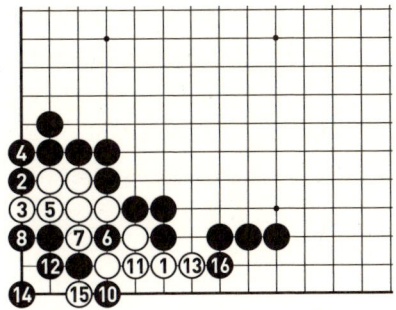

백이 1로 젖혀서 넘어가는 수를 방비하는 것은 이후 16까지 외길 수순으로 백이 잡히게 된다. 백은 수순 중 다른 선택을 할 기회가 없다.

6…**9**

그림 5

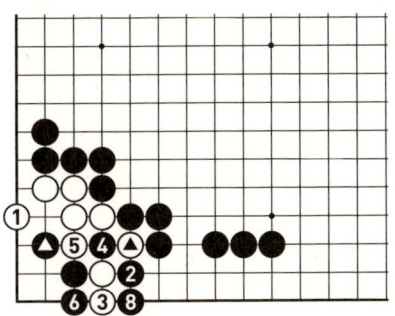

백 1로 좌변을 지킨다면 흑은 2로 단수를 쳐서 백을 잡을 수 있다. 백 3으로 단수된 한 점을 잇는 것은 흑이 3으로 넘어서 ●와 백 1의 교환으로 인해 그림 2와는 다른 결과가 된다.

▲…**7**

그림 6

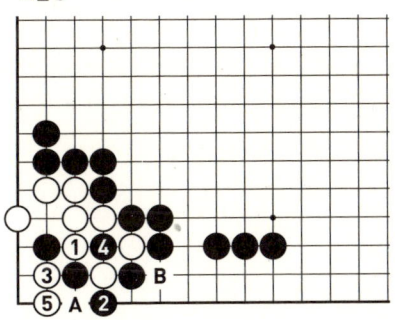

백은 1로 버티는 수를 생각할 수 있다. 이때 흑이 2로 넘어가는 것으로는 백을 잡을 수 없다. 전 그림과는 달리 백이 3, 5로 두었을 때 A 자리에 흑 돌이 없기 때문이다. 흑 2로 3으로 두는 것 역시 백 B로 끊겨 패를 피할 수 없다.

그림 7

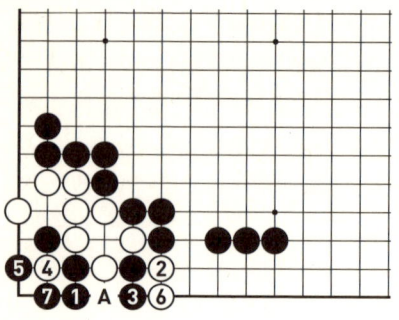

흑은 1로 내려서는 수가 좋은 수이다. 백이 흑 돌을 차단하기 위해서 백 2, 4 두번의 끊는 교환을 한다면 흑의 오른쪽 두 점을 잡을 수는 있지만 삶으로 연결되지는 않는다. 백 4로 6에 두어서 A와 교환하는 것 역시 그림 5와 비슷한 그림이 되어 잡히게 된다.

그림 8

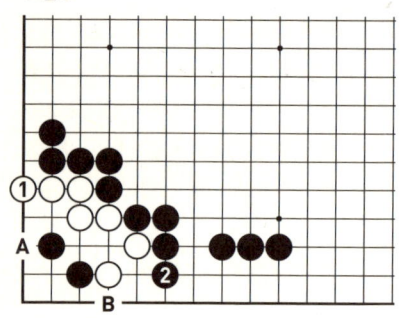

백 1로 둔다면 흑은 2로 두어서 A, B를 맞보기로 백을 잡을 수 있다.

그림 9

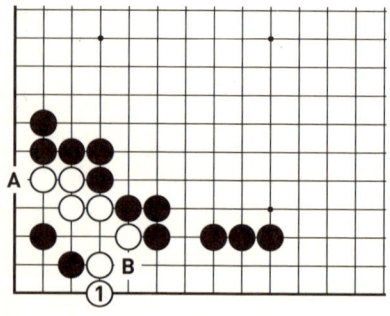

백 1은 앞서 보았던 A와 B의 약점들을 보강하는 급소. 백의 궁도가 상당히 넓기 때문에 흑으로서는 궁도를 좁혀 공략하기보다는 수상전으로 공략하는 방법을 연구해야 할 것이다.

그림 10

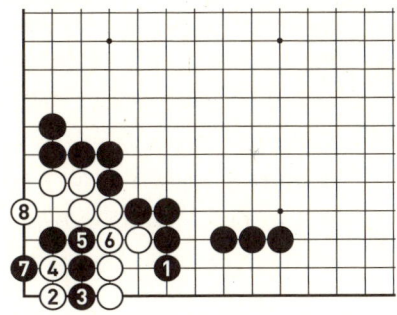

흑 1은 백이 바깥쪽에서 한 집을 확보하는 것을 없애는 수이지만 느슨하다. 백 8까지의 진행은 흑이 한 수 부족이다. 흑 1이 그 자리 대신 바깥쪽 어느 곳에 있더라도 백을 잡을 수 없기 때문에 필연적으로 흑 1은 귀 쪽에서 접근해야 한다는 결론을 내릴 수 있다.

그림 11

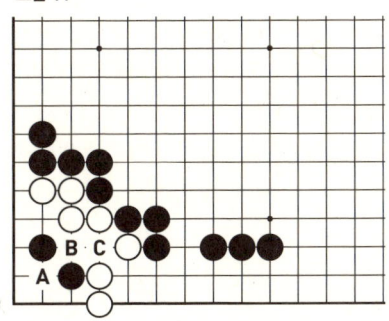

이 모양에서 흑 A는 수상전의 급소이다. 전 그림처럼 백에게 A 자리를 허용한다면 흑은 어쩔 수 없이 B, C 교환을 해야 하는데 그 교환이 워낙 악수라서 흑이 백을 잡기 어려워진다. 흑은 언제 A를 두어야 할지 고민해볼 차례이다.

그림 12

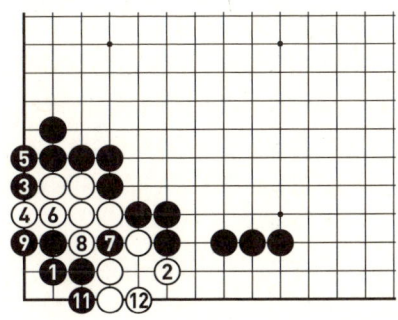

우선 흑 1로 바로 두는 것을 생각할 수 있다. 백 2로 두었을 때 이후 흑 3~11로 두는 것은 귀는 살릴 수는 있지만 백을 잡을 수는 없다.

❼ … ⑩

그림 13

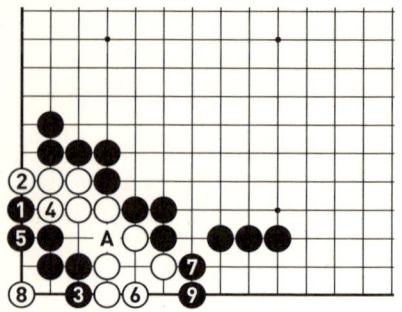

전 그림 흑 3으로 1선을 젖히지 않고 1, 3으로 두는 것이 수상전에서 승리하는 수순이다. 흑이 A로 먹여치지 않아도 된다는 점이 큰 차이점이다. 또한 흑 1로 4, 흑은 그냥 3으로 두어도 비슷한 모양으로 백을 잡을 수 있다.

그림 14

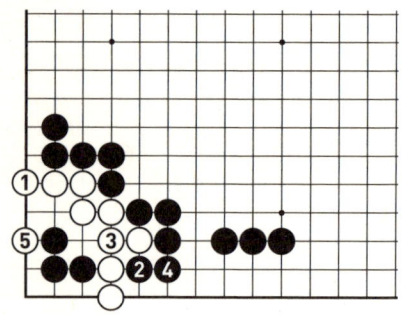

백은 바깥쪽을 두기 전에 귀 모양을 먼저 정리할 필요가 있다. 백 1이 강력한 응수이고, 이때 흑이 평범하게 2, 4로 두어가는 것은 백 5로 붙여서 단패가 된다.

그림 15

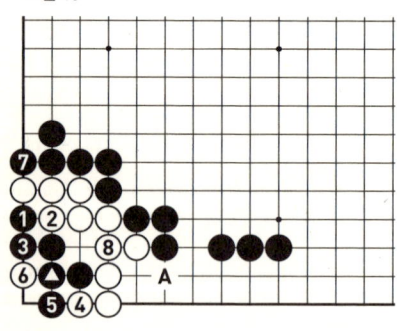

흑 1로 붙인다면 8까지 백은 귀 방면 흑 모양을 조여서 살게 된다. 백 돌이 A에 있던 그림 13과는 달리 귀 흑 돌을 압박하여 흑7, 백8 교환을 이끌어낸 것이 백의 수확이다. ●로 두는 것이 수상전의 급소로 보였지만 백을 잡는 데는 실패하였다.

그림 16

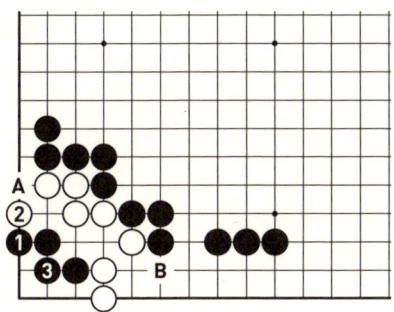

흑 1로 먼저 백의 응수를 묻는 것이 좋은 수이다. 백이 2로 받는다면 그때 수상전의 급소인 흑 3으로 두는 것이 정확한 수순. 백이 2 대신 A로 늦춰서 받는다면 그때는 흑 B로 둘 수 있는 여유가 생긴다.

그림 17

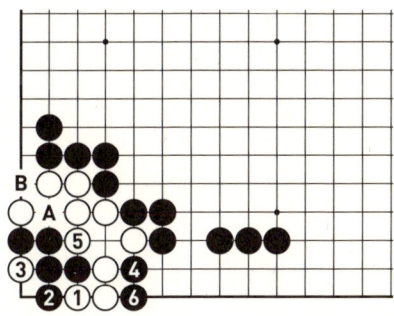

계속해서 백이 귀를 메워가더라도 흑은 바깥쪽에서 4, 6으로 간단히 백을 잡을 수 있다. A, B 교환이 없는 것이 그림 15와 다른 점이다.

그림 18

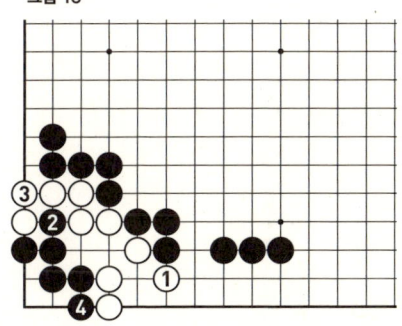

백 1로 젖힌다면 흑 2, 4로 두어서 그림 13과 비슷한 모양을 만들 수 있다. 흑은 2, 3 교환을 하지 않아도 결과는 같다.

그림 19

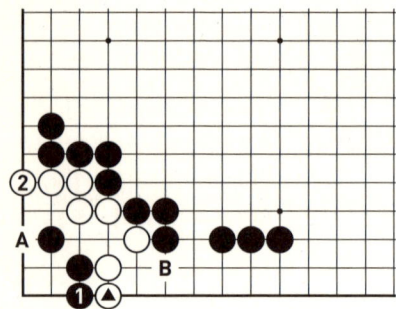

⊙로 늘었을 때 흑 1로 막는 것은 백 2로 두어서 A, B가 맞보기로 흑이 곤란하다. 따라서 ⊙에 두었을 때 흑은 그림 16처럼 두는 것이 백을 잡을 수 있는 유일한 길이며 이 문제의 정답이다.

어디까지 취하고 어디까지 내줄 것인가?

★★★☆☆

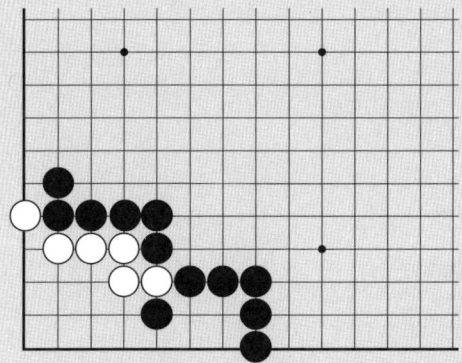

...

비교적 최근에 만든 문제이다.
주변 흑이 상당히 두텁지만 백의 버팀도 만만치 않다.

그림 1

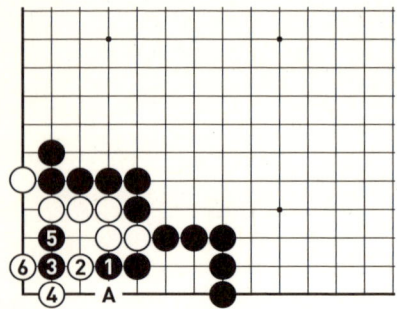

가장 쉽게 흑 1로 밀고 들어가는 수는 단패가 되며 이 결과는 흑이 불만이다. 흑은 3으로 다른 변화를 시도하려 해도 백 A가 선수이기 때문에 성립하지 않는다.

그림 2

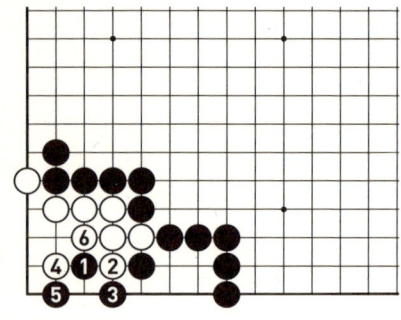

흑 1, 3으로 넘어가는 수도 이후 6까지 단패가 되어 흑 실패이다.

그림 3

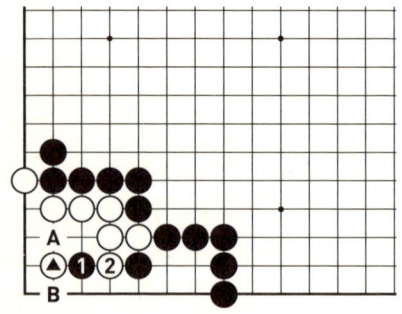

백 2까지 진행된 상황에서 ⊛로 두었다고 가정해보자. 이때 흑이 두 수를 두어 단패보다 좋은 결과를 가져올 수 있는 조합은 A-B 뿐이기 때문에 흑이 생각할 수 있는 수는 ⊛, A, B 세 곳뿐이다.

그림 4

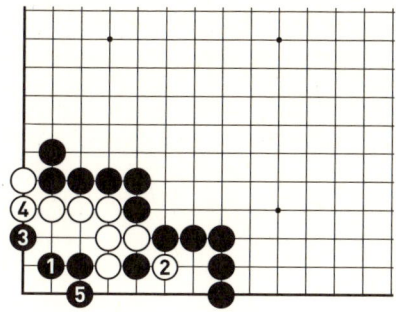

흑 1로 두었을 때 백이 2로 끊는다
면 흑 3, 5가 수상전의 급소로 백이
잡히게 된다.

그림 5

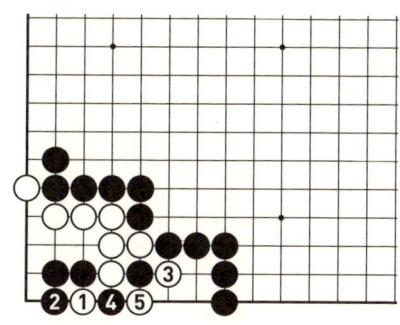

백은 1, 2를 교환한 후 3으로 끊어
야 한다. 수상전이 되었을 때 백 1,
2의 교환이 흑의 한수를 줄이는 역
할을 한다.

그림 6

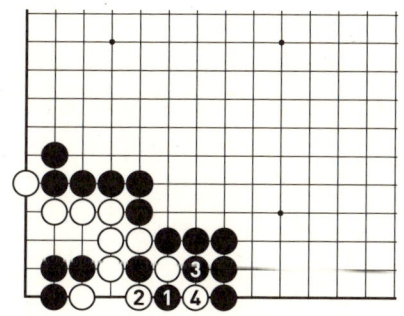

흑은 1, 3으로 패를 만들 수 있다.
이 그림은 단패와 흑이 유리한 이
단패의 중간쯤이며 단패에 더 가
깝다고 볼 수 있겠다. 흑이 지금까
지 얻은 결과 중에는 가장 좋지만
더 좋은 결과가 있는지 알아봐야
할 것이다.

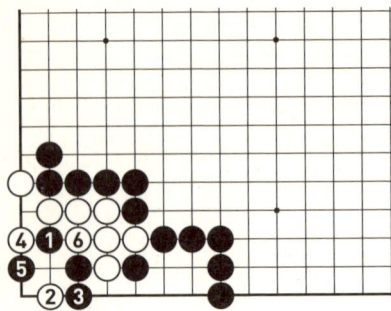

그림 7

흑 1로 붙이는 수는 이후 6까지 단패가 된다. 이 그림 역시 흑이 미흡한 결과.

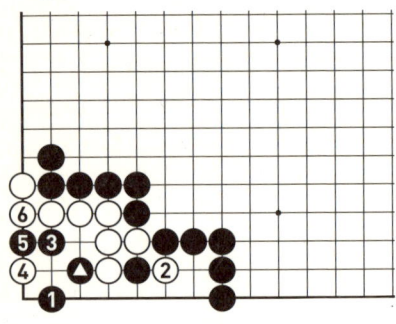

그림 8

흑 1로 두는 것은 백이 2로 끊어서 단패보다 좋은 결과를 얻을 수 없다. ●와 흑 1의 모양이 패를 피하기에 굉장히 안 좋은 모양이라 할 수 있겠다. 흑이 첫 수로 ●로 둔다면 그림 6의 결과가 쌍방 최선의 결과이다.

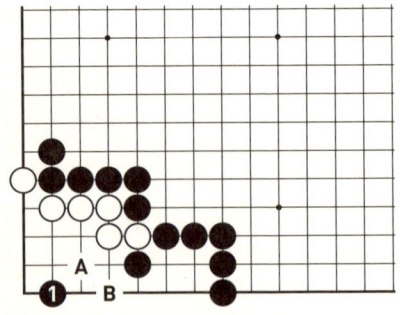

그림 9

흑 1도 생각할 수 있다. 이때 백은 반드시 흑 1 한 점을 차단해야 하며 A, B 두 가지 방법이 있다. 하지만 B로 차단하는 것은 흑이 A에 두어 쉽게 잡히기 때문에 백은 A로 차단할 수밖에 없다.

그림 10

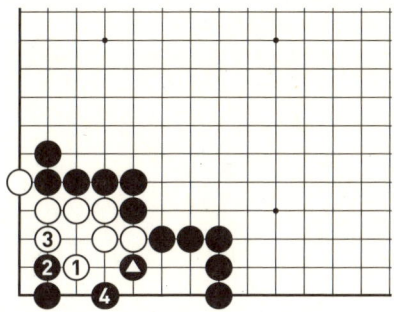

백 1, 흑 2는 절대. 이후 백이 3으로 받는 것은 흑 4로 쉽게 잡히게 된다. 백은 3의 자리를 흑에게 허용하고 ●를 잡는 방법을 연구해야 한다.

그림 11

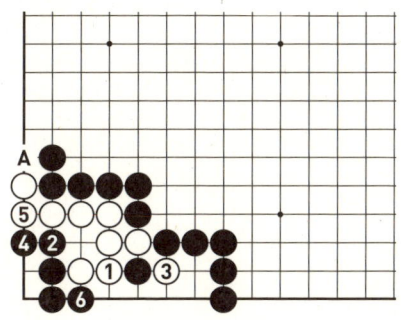

백은 1, 3으로 흑 한 점을 잡을 수 있다. 하지만 그림 4와 마찬가지로 흑 4, 6의 자리가 수상전의 급소가 되어 백이 잡히게 된다. 흑 4로는 A에 두어도 같은 결과이다.

그림 12

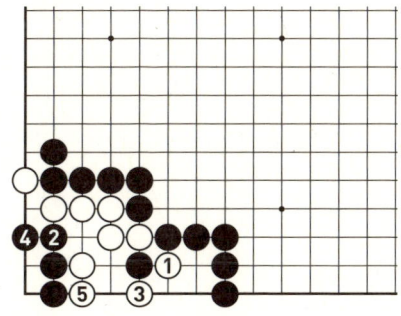

백은 1, 3으로 두는 것이 좋다. 앞 그림과 달리 5로 막아서 선수 한 집을 만들 수 있다는 점이 백의 장점이다.

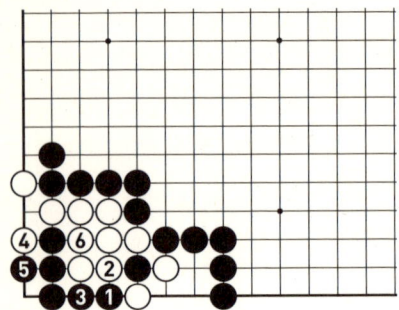

그림 13

흑이 좌측 모양을 정리하지 않고 1로 두는 것은 백이 4, 6으로 패를 만들 수 있다.

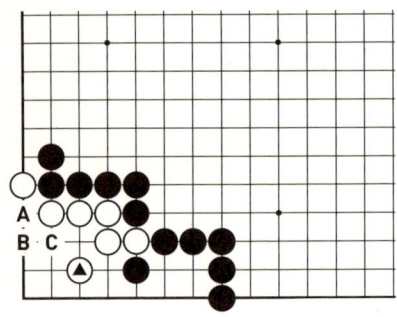

그림 14

◉로 두었다고 가정해보자. 흑이 두 수를 두어 좋은 결과를 얻을 수 있는 조합은 A-B, B-C 두 가지이다. 하지만 첫 수로 A에 두는 것은 쉽게 안 되기 때문에 B, C 두 가지 경우를 알아보도록 한다.

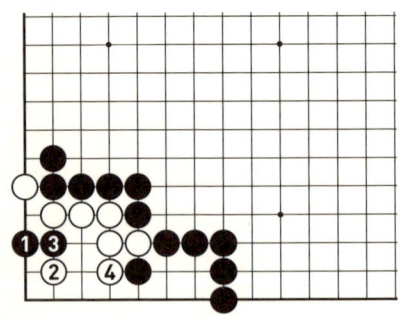

그림 15

흑 1로 두는 것은 백이 2, 4로 두어 좋은 결과를 만들어 낼 수 없다.

그림 16

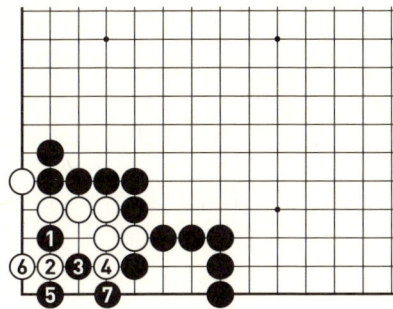

흑 1이 흑에게 남은 유일한 가능성. 백이 2로 붙이는 것은 이후 7까지 백이 잡히게 된다. 이 그림은 그림 3에서 흑이 원했던 모양을 만들어 낸 모습이다.

그림 17

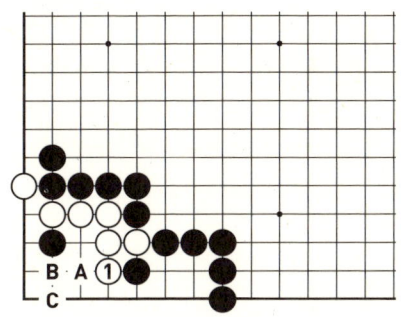

따라서 백 1은 절대. 백이 A에 두는 것은 그림 14에서 B-C 조합을 만들어주는 것이기 때문에 안 된다. 또한 백 1로 두었을 때 흑이 A에 두는 것은 그림 7로 환원되기 때문에 흑도 A에 둘 수 없다. 결국 흑의 다음 수 후보는 B, C 두 개뿐이다.

그림 18

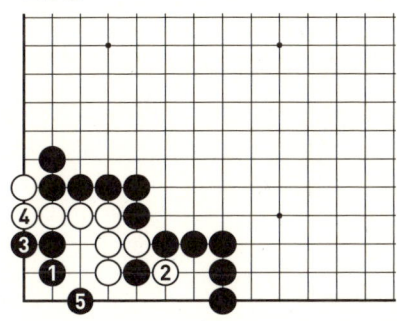

흑 1로 두었을 때 백 2로 끊는 수는 지금도 역시 흑 3, 5가 수상전의 급소로 백이 잡히게 된다.

그림 19

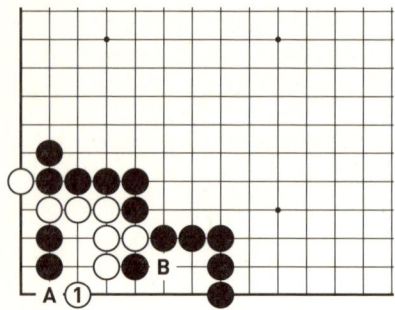

백 역시 1의 자리가 급소. 이후 A, B를 맞보기로 한다. 이 그림은 흑이 어떻게 응수를 하더라도 단패보다 좋은 결과를 만들 수 없다.

그림 20

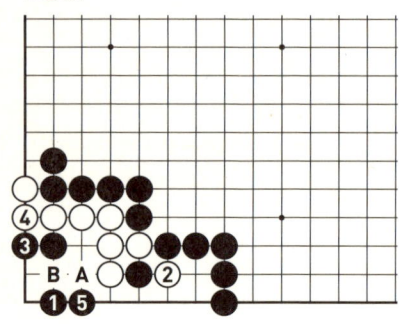

흑 1의 한 칸 뜀이 좋은 수이다. 백이 2로 A에 두는 것은 그림 11로, B에 두는 것은 그림16과 같은 결과이기에 생각할 수 없다. 이후 흑 3, 5가 역시 수상전의 급소로 백이 잡힌 모습이다.

그림 21

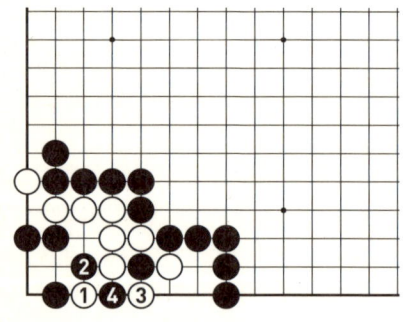

백도 1, 3으로 두는 것이 어쩔 수 없는 최선의 선택이다. 이 그림은 흑이 유리한 한 수 늘어진 패로, 지금까지 얻은 결과 중 가장 좋은 결과이다.

그림 22

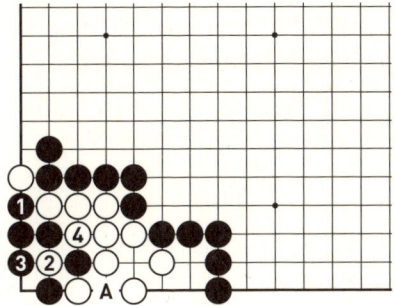

흑이 A의 패를 따내지 않고 1로 끊는 것은 4까지 흑이 유리한 이단패가 된다. 하지만 이것은 앞 그림의 흑이 유리한 한 수 늘어진 패보다 안 좋은 결과이므로 유의해야 한다.

그림 23

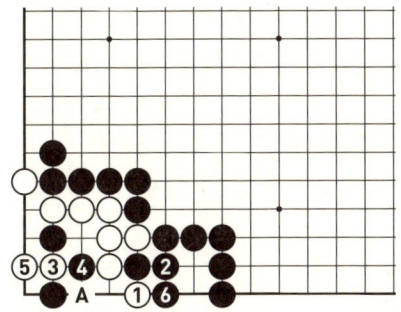

백 1로 차단한다면 흑은 6까지 자충을 이용해서 백을 잡을 수 있다. 백 1로 A에 두는 것도 4로 단수 쳐서 그림 21과 같은 결과가 된다. 결국 그림 21이 쌍방 최선의 결과이며 이 문제의 정답이다.

모든 수를 생각하라

★★★☆☆

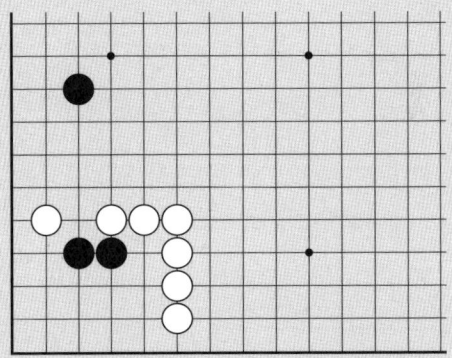

...

적은 돌로 많은 변화를 내포하고 있는 문제가
좋은 문제라고 생각한다.
이 문제는 이 책에서 가장 적은 돌이 투자된 문제이지만
나름대로 충분한 변화를 가지고 있다.

그림 1

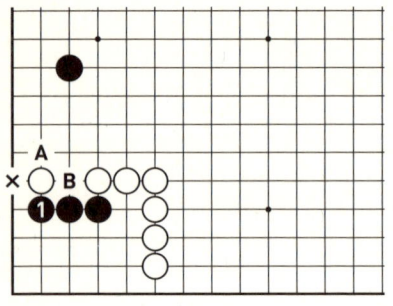

흑 1은 누구나 첫 일감으로 떠올릴 만한 수. 이 때 백의 응수는 A, B 두 가지이다. 백이 B를 선택한다면 흑의 수를 한 수 더 메울 수 있지만 경우에 따라서 × 표시된 곳이 선수가 될 수 있기 때문에 일단 A를 먼저 생각하기로 한다.

그림 2

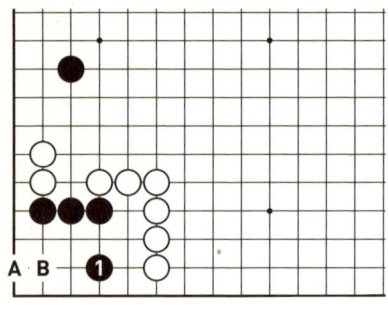

흑 1 또한 첫 일감. 백이 안쪽에서 접근하는 방법은 A, B 두 가지가 있다.

그림 3

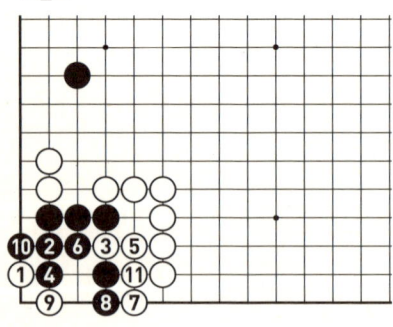

백 1로 두는 것은 이후 11까지 거의 외길 수순으로 단패가 된다.

46

그림 4

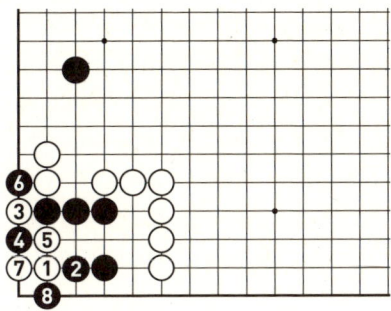

백 1로 치중 가는 수 역시 단패가
된다.

그림 5

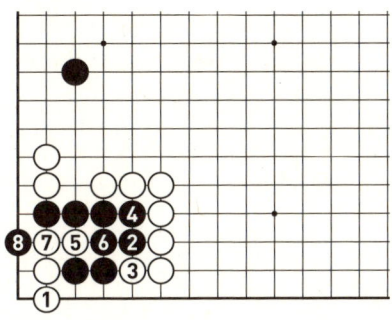

백 1은 패를 피하기 위한 노력이지
만 이후 8까지 흑은 살게 된다.

그림 6

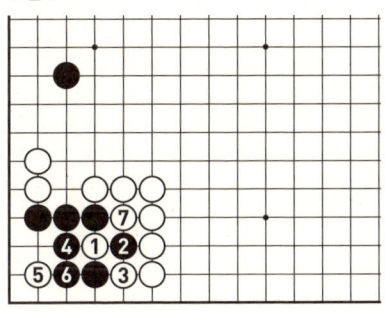

백 1로 바깥에서부터 좁혀가는 수
가 좋은 수법이다. 이 그림은 흑이
깔끔하게 잡힌 모습이다.

그림 7

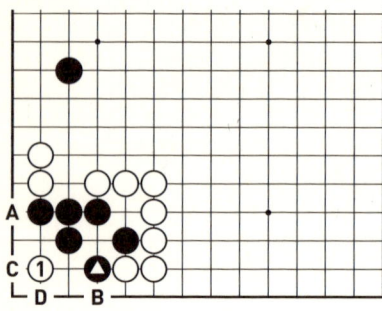

백이 1로 치중을 한 장면에서 백 A 와 B, 백 C와 D가 각각 맞보기로, 흑은 살 수 없는 모양이다. ⚫로 다른 수를 생각해봐야 한다.

그림 8

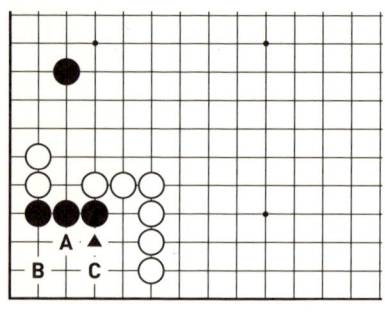

백이 ▲에 돌이 있다고 가정해보자. 흑이 두 수를 A-B에 두지 않는다면 패 조차 만들 수 없다. 그러나 흑이 A 또는 B로 두는 것 모두 백이 C로 응수한다면 쉽게 잡히는 모습이기 때문에 여기서 흑이 둘 수 있는 곳은 ▲뿐이라는 것을 알 수 있다.

그림 9

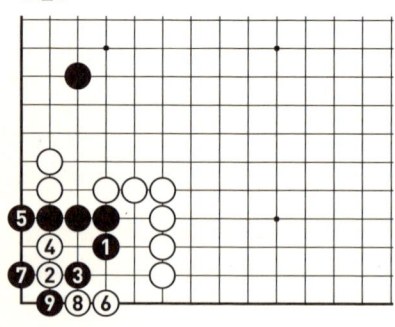

흑 1로 두었을 때 백 2로 치중 가는 수는 이후 9까지 단패가 된다.

그림 10

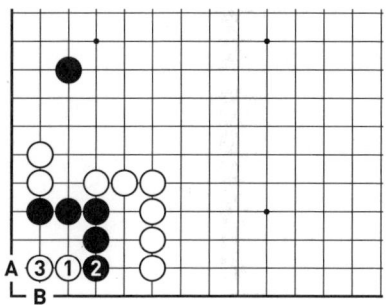

백은 1, 2를 교환하고 3으로 두는 수를 생각할 수 있다. 이때 흑이 생각할 수 있는 응수는 A, B 두 가지이다.

그림 11

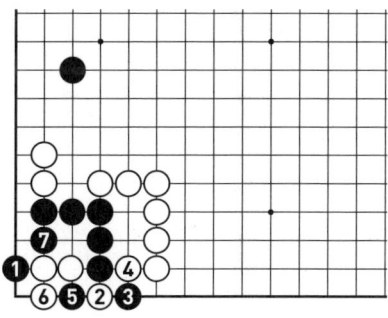

흑 1로 붙였을 때 백이 2로 두는 것은 이후 7까지 단패가 된다.

그림 12

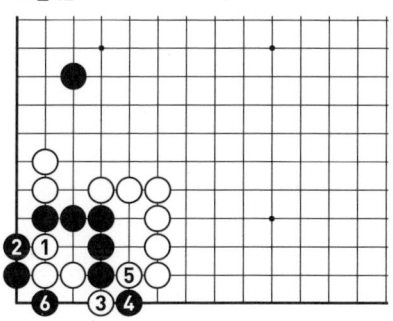

백 1로 왼쪽을 먼저 결정지어 놓고 3으로 두어간다면 이후 6까지 백 1, 흑 2의 교환이 자충이 되어서 흑이 살게 된다.

그림 13

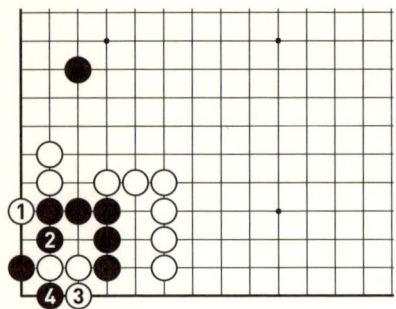

백 1로 젖히는 수는 4까지 백이 유리한 한 수 늘어진 패를 만들 수 있지만 흑을 잡는 데는 실패했다. 백 3을 4에 둔다면 흑이 3으로 두어서 단패가 된다.

그림 14

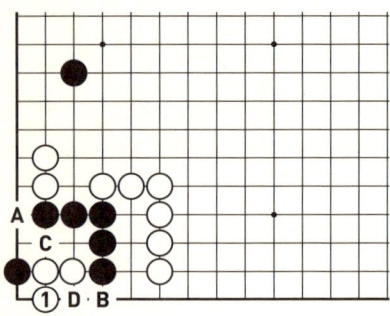

백은 아무것도 결정짓지 않고 1로 가만히 늘어두고 흑 A에는 B, 흑 C에는 D를 맞보기로 하는 것이 지금으로선 가장 좋은 공격이다. 이 그림은 흑이 잡힌 모습이다.

그림 15

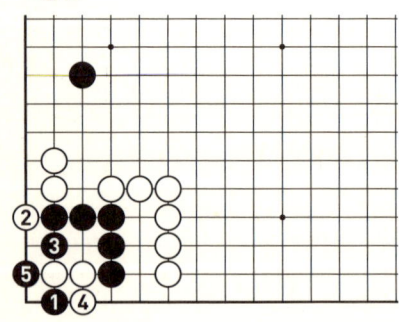

흑 1이 정확한 급소. 이 그림은 그림 13으로 환원된 모습으로 흑이 불리한 한 수 늘어진 패다.

그림 16

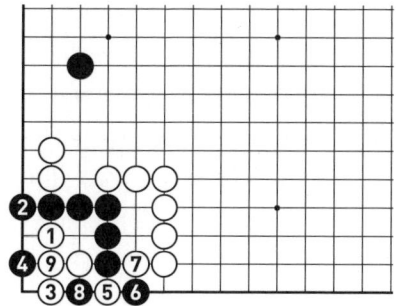

백이 1로 붙이는 수도 생각할 수 있다. 흑이 평범하게 2로 받아주는 수는 이후 9까지 외길 수순으로 잡히게 된다.

그림 17

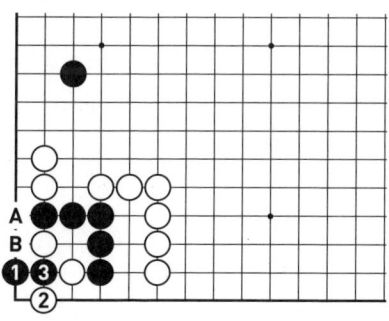

흑 1이 올바른 응수. 이 그림은 백이 좋은 결과를 기대할 수 없다. 백 2로 A에 두어도 흑은 3으로 받아서 살게 된다. 또한 백 2로 3으로 웅크리는 것도 B로 응수하면 그림 12와 같아지므로 백의 실패이다.

그림 18

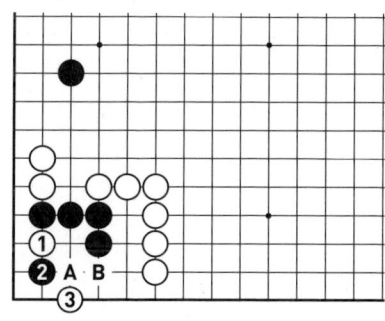

백은 A, B 교환을 생략한 채 백 1로 붙이는 수를 생각할 수 있다. 흑이 2로 받는 것은 백 3으로 쉽게 잡힌 모습이다.

그림 19

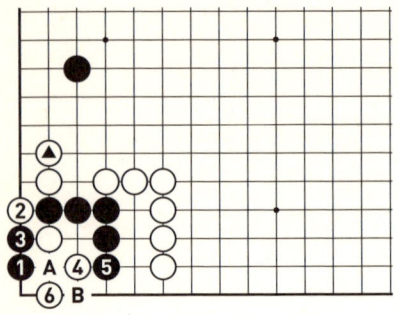

흑 1이 유일한 버팀이지만 백 2~6이 좋은 수순으로 흑이 잡히게 된다. 흑 3으로 A에 두는 것 역시 백이 B로 두어 잡히게 된다. 그림 17과 비교해 백 4, 흑 5의 교환이 미리 안 되어 있다는 점이 큰 차이이다. ⓐ로 둔 시점에서 이미 흑은 잡혀 있었던 것이다. 흑은 첫 수를 다시 생각해야 한다.

그림 20

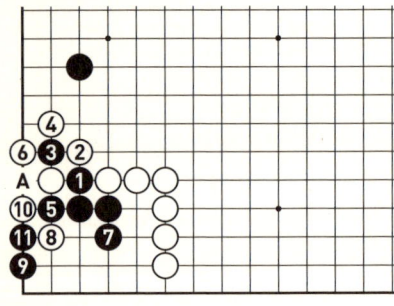

흑 1, 3을 미리 교환해두는 것이 유일한 방법. 이것은 앞 그림과 비교해 A의 곳이 선수가 되어 단패가 된 모습이다.

그림 21

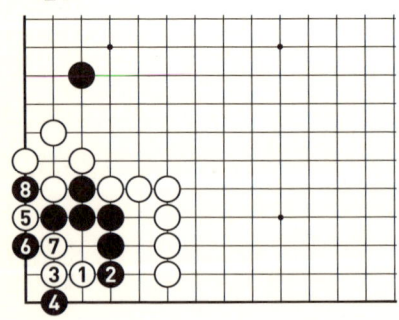

백이 1, 3으로 두었을 때 역시 그림 15와는 다르게 흑 6으로 막는 수가 가능하다. 이 모양은 흑이 불리한 이단패로 쌍방 최선의 결과이다.

그림 22

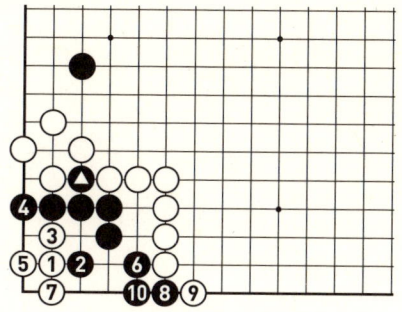

●로 오면서 한 수 줄었기 때문에 백도 1, 3, 5로 두는 수를 생각할 수 있지만 이후 10까지 진행되면 바깥의 약점 때문에 잘 되지 않는다.

거꾸로! 거꾸로! 거꾸로!

★★★☆☆

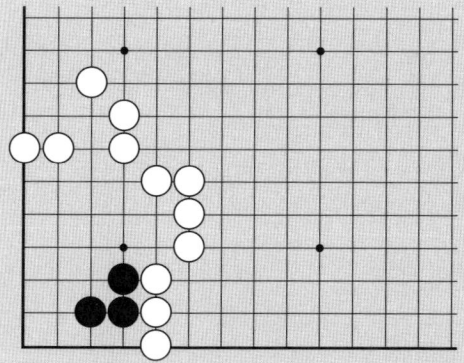

...

흑선이지만 어쩌면 백의 응수가
더 어려울지도 모르는 문제이다.

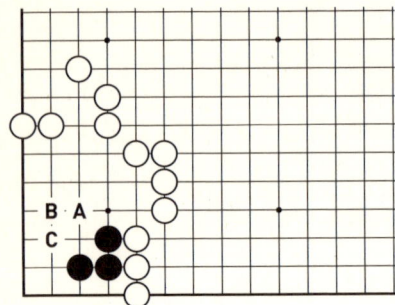

그림 1

흑이 첫 수로 생각할 만한 수는 A, B, C가 있다. 가장 쉬운 C부터 알아 보기로 한다.

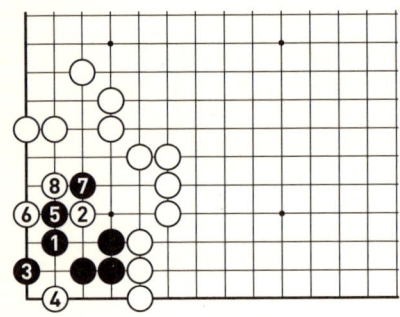

그림 2

흑 1 이후 7까지 가장 쉽게 두는 방법은 잘 되지 않는다.

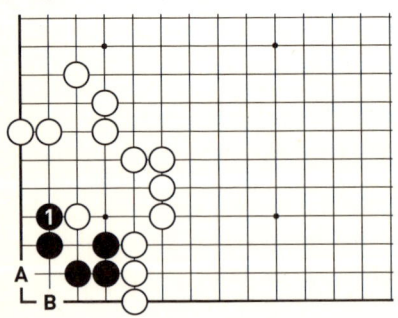

그림 3

전 그림 흑 3으로 지금처럼 그냥 밀고 들어가는 수는 어떨까? 흑이 언제든지 A, B 중 한 곳을 둘 때 백이 다른 한 곳을 두어야 함을 생각한다면 지금 백이 생각할 수 있는 응수는 그리 많지 않다.

그림 4

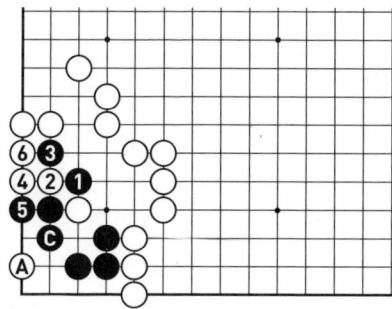

전 그림에 이어 흑 1~6까지의 교환이 흑의 권리라고 생각한다면 백 A만이 유일하게 흑을 잡을 수 있는 응수이고, 흑은 백 A 이후 별다른 방법이 없다. 이로써 흑은 첫 수로 C를 두는 것은 실패라는 것을 알 수 있다.

그림 5

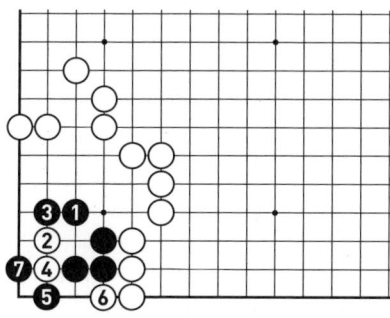

흑이 첫 수로 1을 선택한다면 이후 7까지 쉽게 단패를 만들 수 있다.

그림 6

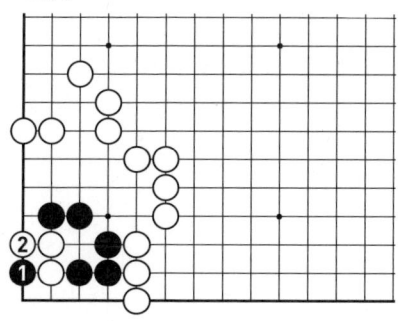

전 그림 흑 5로 지금처럼 반대쪽으로 두어도 단패보다 좋은 결과는 만들어 낼 수 없다.

그림 7

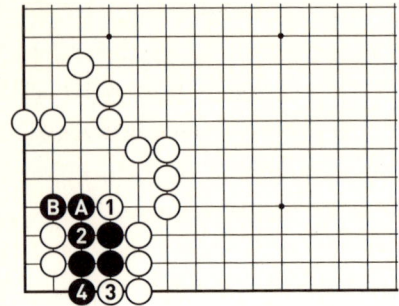

흑이 그림 5처럼 바깥쪽으로 넓히는 것은 본 그림의 백 1~4까지의 교환이 백의 권리이기 때문에 좋은 결과를 기대할 수 없다. 결국 흑이 첫 수로 A를 선택한다면 단패가 최선의 결과이다. 마지막으로 흑이 첫 수로 B를 선택했을 때의 결과를 알아보기로 한다.

그림 8

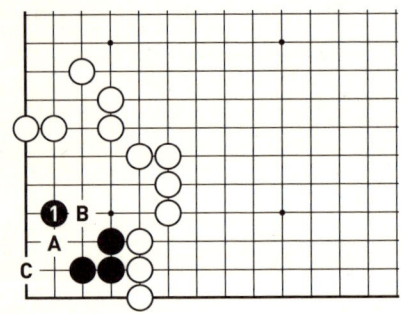

흑 1로 둔 이후 흑 A 백 B의 교환은 흑의 선수 권리이다. 이 교환이 있었을 때 백의 응수는 C밖에 없었기 때문에 지금도 백이 생각할 수 있는 수는 A, B, C 세 가지뿐이다.

그림 9

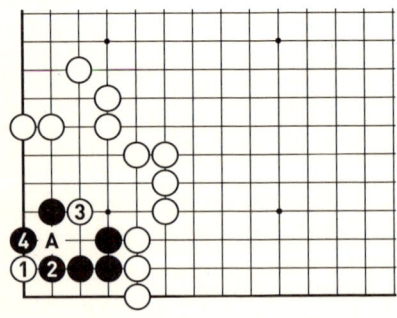

백 1로 두는 것은 흑이 2로 응수하여 쉽게 살게 된다. 백 1로 A에 두는 것 역시 흑이 2로 받아서 쉽게 살아간다.

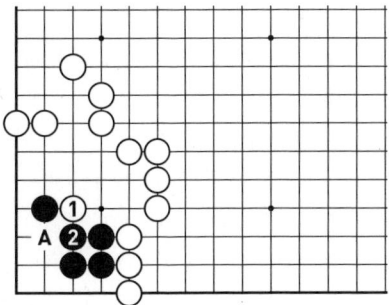

그림 10

따라서 백은 1로 두어가는 수가 유일하다. 흑도 A로 두는 것은 그림 3으로 환원되기 때문에 생각할 수 없고 흑 2가 가장 강력한 응수이다.

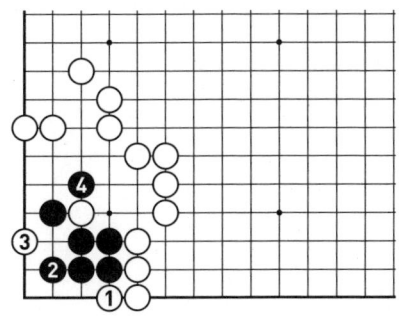

그림 11

백 1로 밀고 들어가는 수는 이후 4까지 쉽게 되지 않는다.

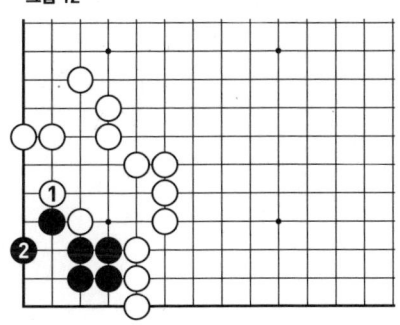

그림 12

백 1 역시 바깥 공배가 한 수 비워져 있어 쉽게 안 된다.

그림 13

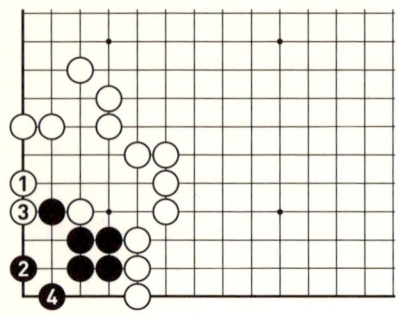

백 1 또한 흑이 쉽게 살게 된다. 결국 백이 바깥쪽에서 접근하는 것은 잘 되지 않는다.

그림 14

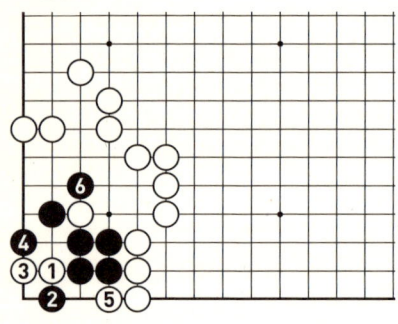

백 1로 붙이는 수도 이후 6까지 흑은 살아가게 된다.

그림 15

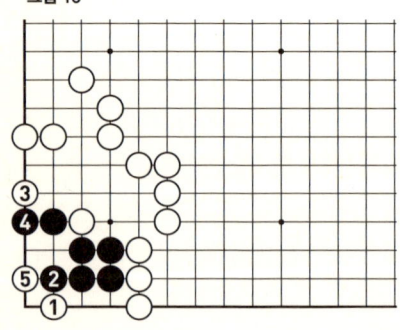

백 1이 지금 모양에서의 급소이다. 이 그림은 단패가 된 모습이다.

그림 16

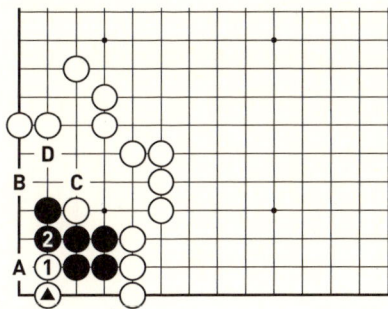

그렇다면 ⓐ로 두었을 때 백 1, 흑 2가 백의 권리라고 생각할 수 있으며 이 모양에서 흑이 생각할 수 있는 수는 A~D 4개 정도이다. 그러나 C로 단수 치는 수는 백이 한 점을 살리면 자충이 되면서 악수가 되기 때문에 생략하기로 한다.

그림 17

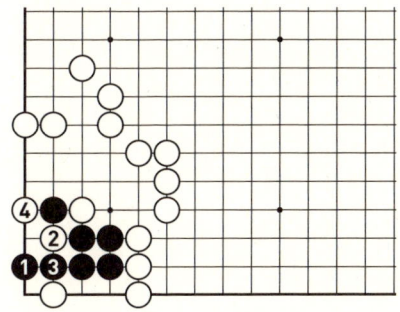

흑 1은 백 2 ,4로 쉽게 잡힌 모습이다.

그림 18

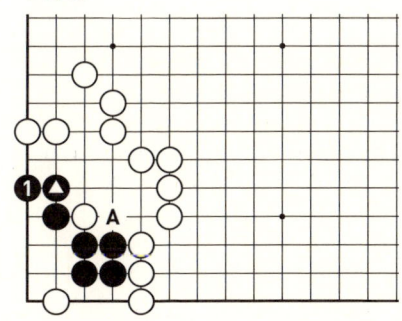

흑 1로 두었을 때 흑 바깥 부분이 지금처럼 굳어지면 귀에서 백에게 아무런 수가 없다. 따라서 흑 1때 백은 A가 선수라는 점을 이용해 ●로 오지 못하도록 해야 할 것이다.

그림 19

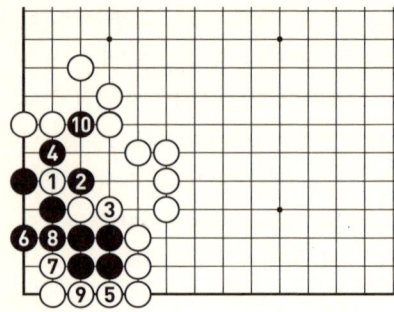

백이 당장 1로 두어가는 수는 이후 흑 10까지 외길 수순으로 흑이 살게 된다.

그림 20

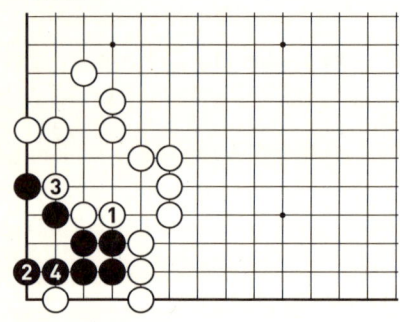

그렇다고 백 1을 먼저 두는 것은 흑이 귀에서 쉽게 살게 된다. 백은 1, 2의 교환보다 귀 사활에 영향을 덜 끼치면서 3의 자리를 두어갈 수 있는 수를 생각해야 한다.

그림 21

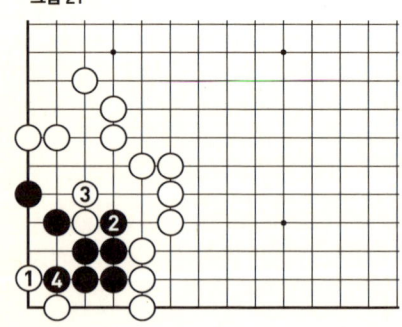

백 1도 생각할 수 있지만 이것 역시 흑이 2, 4로 응수하면 귀 사활에 있어 큰 악수가 된다.

그림 22

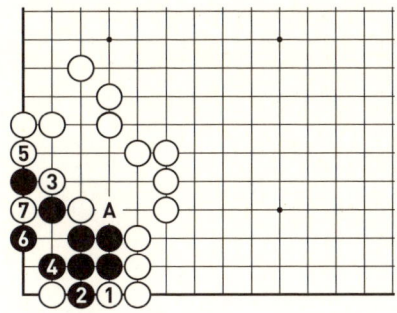

백 1, 3이 귀 사활에 영향을 최소화하면서 A를 확실한 선수로 만들 수 있는 좋은 수순이다. 이어서 흑은 7까지 유리한 이단패를 만들게 된다. 이 결과는 지금까지 나온 결과 중 흑에게 가장 유리한 결과이며 더 좋은 결과가 없다면 이것이 성답일 것이다.

그림 23

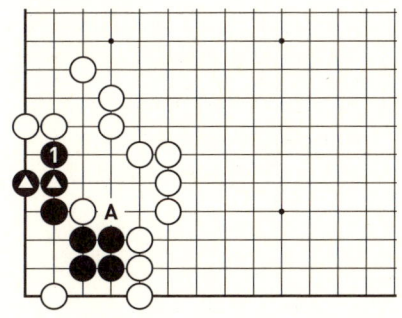

흑은 1로 붙여가는 수를 생각할 수 있다. 이때 역시 백은 A의 선수를 이용해서 바깥쪽 흑 모양이 지금처럼 막히지 않도록 만들어야 한다.

그림 24

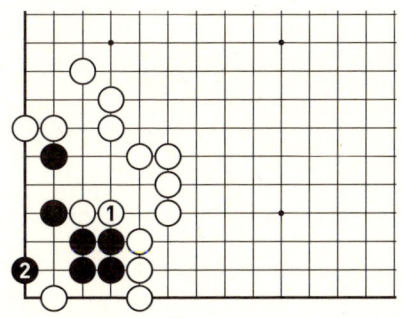

백 1로 단순하게 막는 것은 큰 악수로 흑이 2로 둔다면 쉽게 살아간다.

그림 25

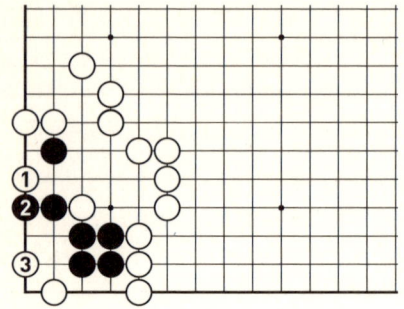

백 1로 두어가는 것이 좋은 공격이다. 이후 백 3까지 진행된 그림은 흑으로서 이전보다 좋은 결과를 기대할 수 없다.

그림 26

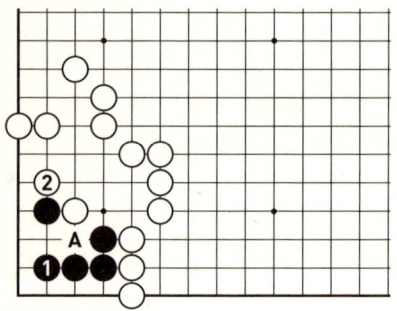

흑으로서는 A 이외에 다른 수를 생각하기는 어렵다. 흑 1로 두는 것은 백이 가장 쉽게 2로 두어도 흑의 실패이다. 따라서 그림 22의 결과가 쌍방 최선의 결과이며 이 문제의 정답이다.

두 수의 법칙

★★★☆☆

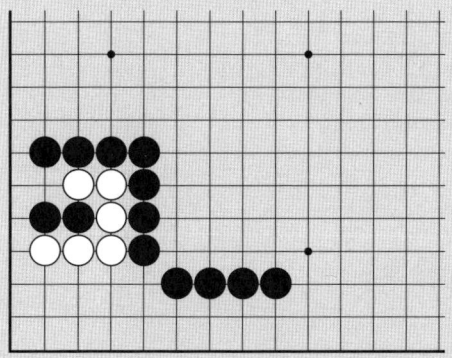

...

무심코 지나치기 쉬운
백의 버팀을 주의하여야 한다.

그림 1

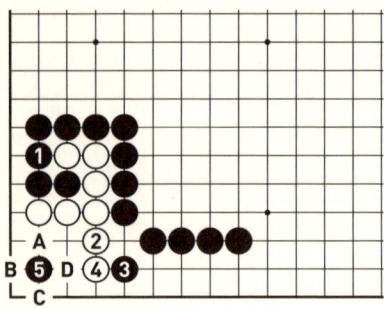

흑은 1, 3으로 가장 쉽게 두어가도 단패를 만들 수 있는 모양이다. 이후 백이 A~D 중 어느 곳을 응수해도 단패가 된다.

그림 2

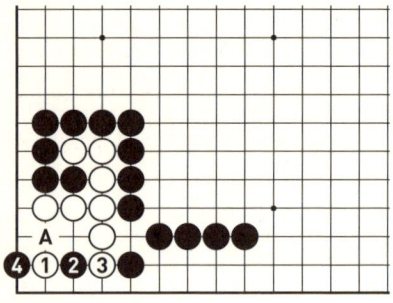

백 1로 두는 수 역시 흑 2, 4가 유명한 맥점으로 단패가 된다. 백 1로 2에 받는 것도 흑이 A로 두어서 단패가 된다.

그림 3

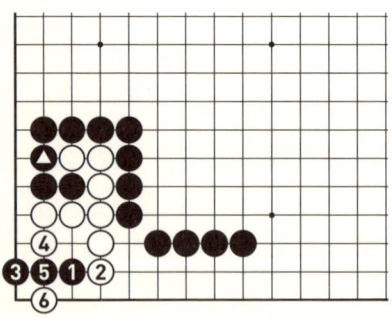

흑 1, 3은 패를 피해서 백을 잡아보려는 시도이지만 지금은 수가 부족해 되지 않는다. 흑이 첫 수로 ● 를 두는 순간, 단패가 쌍방 최선의 결과이다.

그림 4

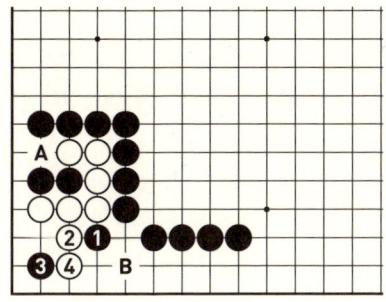

흑 1도 생각할 수 있는 수. 백 2는 절대이다. 흑 3으로 다른 곳을 두는 것은 백이 3의 자리를 역으로 둔다면 흑이 이전보다 좋은 결과를 기대할 수 없기에 절대이지만, 백이 4로 응수하는 순간, A, B가 맞보기로 살게 된다.

그림 5

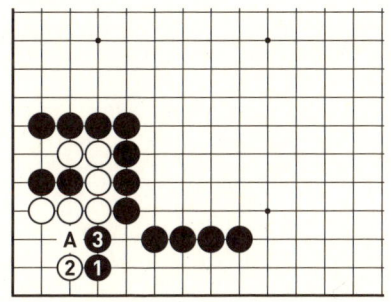

흑 1은 그 다음으로 생각할 만한 수. 백 2로 받는다면 3으로 두어서 백 돌이 A에 있던 전 그림과는 달리 귀에서 선수로 한 집을 만들 수 없기 때문에 이 그림은 백이 죽은 모습이다.

그림 6

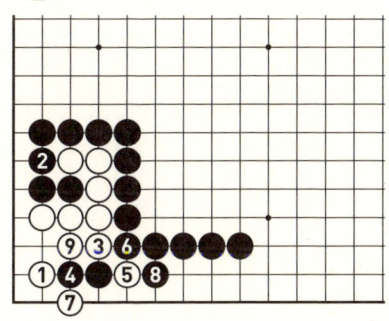

백은 1로 늦춰서 받는 것이 정수. 이후 5까지는 필연이다. 이때 흑이 6으로 끊는 것은 백이 9까지 쉽게 살게 된다.

그림 7

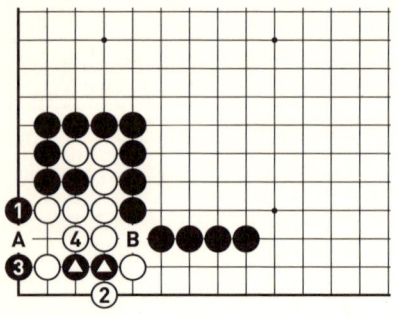

전 그림 흑 6으로 지금처럼 1로 젖 혔을 때 A로 막는 것은 흑 B로 두 어 자충으로 백이 잡힌다. 백은 ● 두 점을 잡아야 하고, 백 2, 4로 잡 는 것이 가장 효율적인 수다. 이 그 림은 단패가 된 모습이다. 흑은 단 패를 만드는 다른 방법도 있기 때 문에 단패는 답이 될 수 없고, 결국 이 그림은 흑의 실패이다.

그림 8

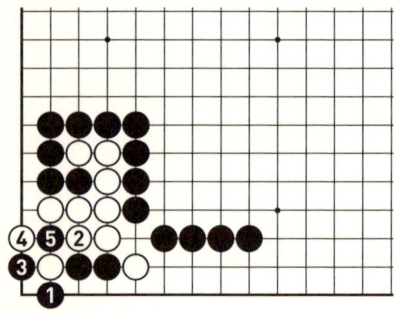

흑 1로 두는 것도 생각할 수 있다. 이때 백이 2로 두는 것은 5까지 흑 이 유리한 이단패가 되며 이것은 지금까지의 결과 중 흑이 가장 유 리한 결과라고 할 수 있다. 하지만!

그림 9

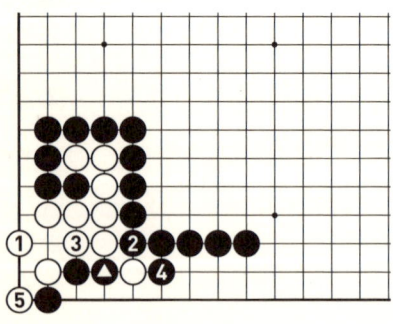

백은 1로 먼저 호구 치는 수가 바 른 응수. 이 그림의 진행은 단패로, 흑이 첫 수로 ●로 두는 것 역시 만 족할 만한 결과를 얻지 못했다.

그림 10

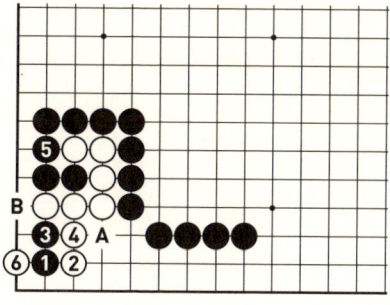

흑 1로 치중 가는 수는 백 2로 응수하여 흑이 잘 되지 않는다. 흑 3으로 A에 두는 것은 백이 4로 받으면 그림 4로 환원되기 때문에 생략할 수 있다. 백 4까지 진행된 모양은 흑이 5, 또는 B, 어떠한 선택도 단패 이상을 만들 수 없다.

그림 11

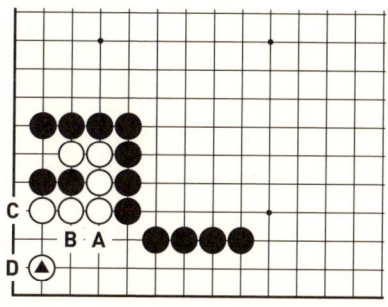

Ⓐ가 있다고 가정해보자. 흑이 두 수를 두어서 단패보다 좋은 결과를 얻을 수 있는 조합은 A-B, C-D 두 가지뿐이다. 따라서 흑이 첫 수로 생각할 수 있는 수는 A~D 네 가지인데 A는 그림 4에서 안 되는 것을 확인했고 B, C 또한 쉽게 안 되기 때문에 흑의 유일한 가능성은 D라는 것을 알 수 있다.

그림 12

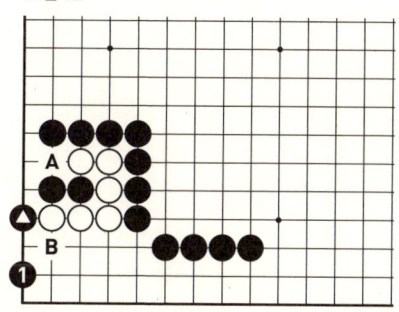

이번에는 흑 1로 둔 이후 ●로 두어 흑이 넘어갔다고 가정해본다. 백은 흑 돌들을 차단하지 않고서는 다른 어떤 곳에 두 수를 두어도 패조차 만들 수 없기 때문에 백은 절대 흑 돌들을 연결시켜줄 수 없다. 따라서 흑 1로 두었을 때 백이 생각할 수 있는 응수는 A, B 정도이다.

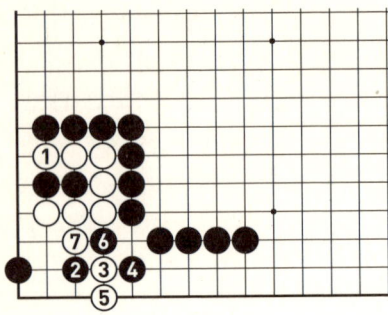

그림 13

백 1로 두었을 때 흑 2, 4로 연결을
시도하는 것은 7까지 패가 된다.

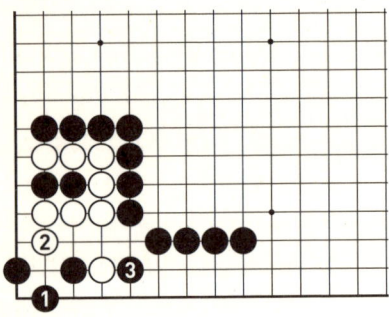

그림 14

앞 그림 4로는 흑 1이 정확한 수순
이다. 이 그림은 백이 죽은 모습.

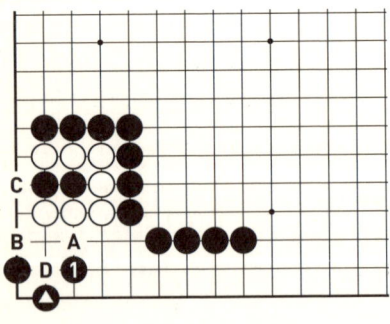

그림 15

이번에도 흑 1로 두었을 때 ●가
하나 더 있다고 가정해본다. 이때
백이 두 수를 두어서 잡히지 않기
위해서는 A-B, B-C 조합이 있다.
따라서 흑 1로 두었을 때 백이 생
각 할 수 있는 응수는 A, B, C, ● 네
가지뿐이다. 그중 ●, B, C는 흑이
D로 두어 백이 잡히게 된다.

그림 16

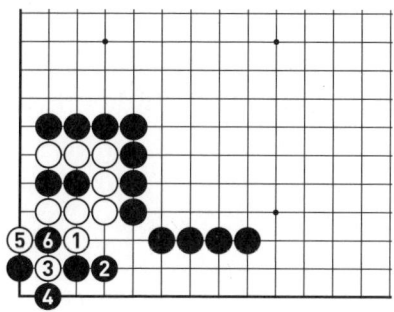

따라서 백은 1로 두는 것이 유일한 길이며 이후 6까지 외길 수순으로 흑이 유리한 이단패가 된다. 이 결과는 흑이 지금껏 얻은 결과 중 가장 유리한 결과라고 할 수 있겠다.

그림 17

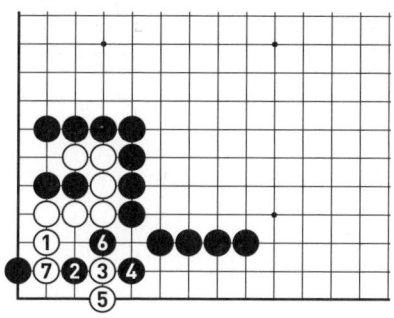

이번에는 백 1로 두는 수를 알아볼 차례. 흑 2로 공격하는 것은 이후 7까지 흑이 좋은 결과를 얻지 못한다. 흑 4로 6으로 두어도 백은 7로 응수하여 같은 결과가 되고, 7로 두는 것은 백이 6으로 이어서 그림 3과 비슷한 결과로 흑의 실패이다.

그림 18

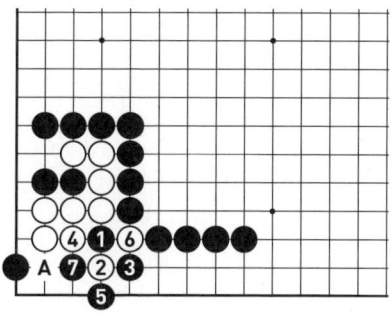

흑 1로 젖히는 수가 올바른 공격. 이후 3, 5로 뒤쪽에서 공략하는 것이 지금 모양에서 정수이며 이 그림은 백이 잡힌 모습이다. 흑 3으로 7로 두는 것은 백이 A로 응수하여 전 그림과 같아져 흑의 실패로 돌아간다.

그림 19

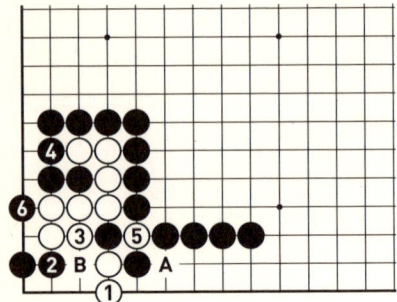

백 1로 내려서는 수는 흑이 2로 하나 밀어놓은 뒤 4, 6으로 두어가면 A, B를 맞보기로 백을 잡을 수 있다. 수순 중 백 3으로 B에 두는 것 역시 흑 4로 이어서 잡히게 된다.

그림 20

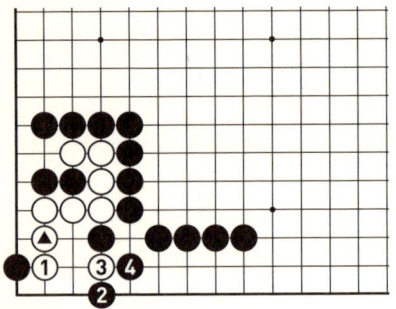

백이 1로 받는다면 흑은 2, 4로 조금 멀리서 공격하는 것이 좋은 수법이다. 이 그림 역시 백이 잡힌 모습이다. 결국 ●로 두는 것은 죽음을 피할 수 없기 때문에 백으로서도 그림 16의 결과가 최선이며 이 문제의 정답이다.

상대의 응수를 보고 답을 찾아라

★★★☆☆

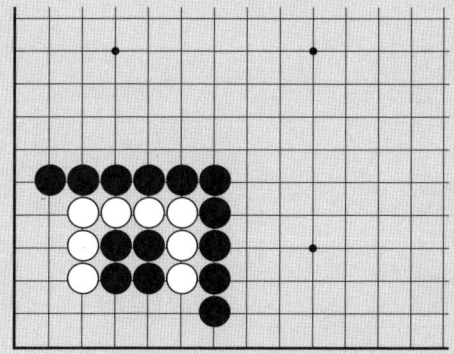

...

모양은 단순하게 생겼지만
생각보다 백의 응수가 만만치 않다.

그림 1

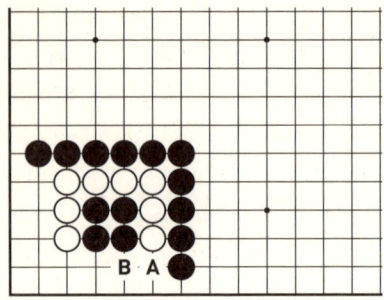

흑이 가장 먼저 생각할 만한 수는
A 또는 B일 것이다. 하나씩 알아보
기로 한다.

그림 2

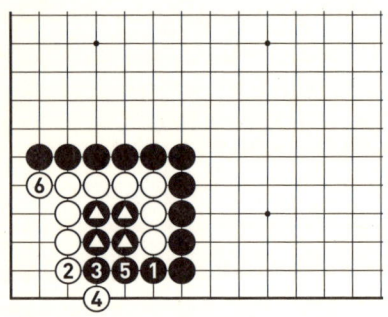

흑 1, 3은 ● 표시된 넉 점을 살리
는 가장 쉬운 방법. 하지만 백이 6
으로 막는다면 이후 흑은 쉽지 않
다. 흑은 3으로 다른 수가 있는지
알아봐야 할 것이다.

그림 3

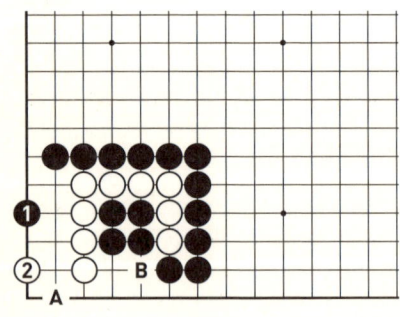

흑 1은 백 2로 한 칸 뛰어서 A, B가
맞보기로 백이 살게 된다. 흑은 귀
를 선수로 처리하지 못한 것이 실
패의 요인이라 생각할 수 있다.

그림 4

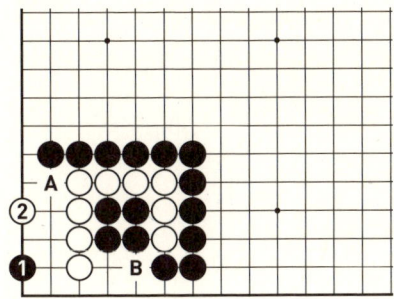

흑 1로 두는 수도 백 2로 응수하여 A, B가 맞보기로 백이 살아가게 된다. 결국 흑은 첫 수로 다른 생각을 해볼 필요가 있다.

그림 5

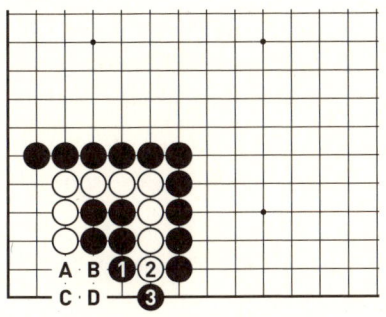

흑 1로 넘어간다면 3까지는 외길 수순. 이후 백에게는 A~D 네 가지 선택이 있다.

그림 6

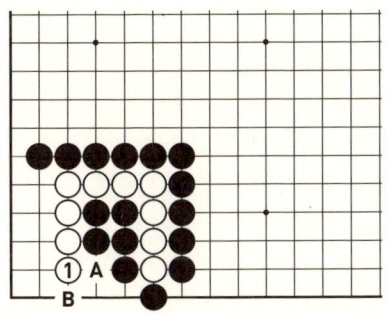

백 1로 두었을 때 이전 그림들과 비교해 흑이 귀를 먼저 둘 수 있다는 장점이 생겼다. 그러나 A 또는 B가 백의 절대 선수인 점은 흑의 큰 부담이다.

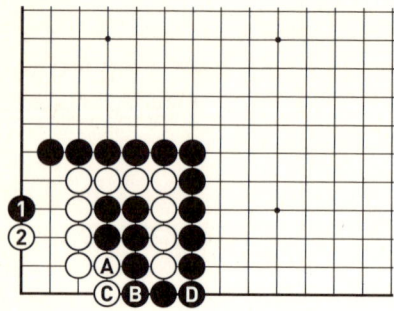

그림 7

A~D의 교환이 있다고 가정해보자. 이 때 백을 공격할 수 있는 수는 흑 1뿐이고 백 2도 절대라고 할 수 있다.

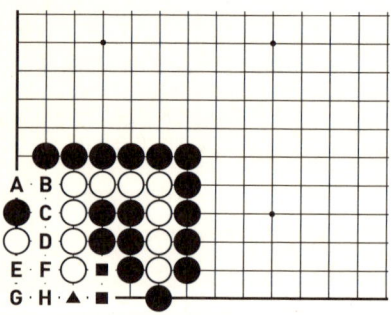

그림 8

백은 ▲, 또는 ■ 표시된 곳을 선수할 수 있다. 이중 백이 ▲에 돌이 있을 때 흑이 가능한 수는 A, B, C, F, G 5개가 있다. 그러나 그 중 F를 제외한 다른 수들은 백이 ■의 곳을 선수했을 때 살아가기 때문에 제외할 수 있다는 결론을 내릴 수 있다.

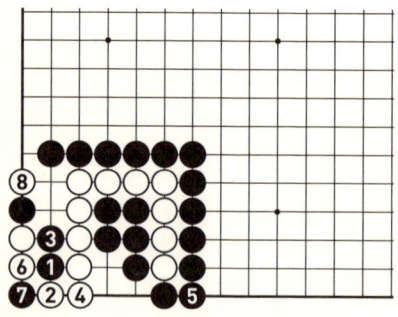

그림 9

따라서 흑 1은 백의 선수 권리를 염두에 둔 가장 유력한 공격이지만 백 2가 좋은 수로 이후 8까지 백은 살아가게 된다. 흑은 적절한 시점에서 백의 선수 권리에 대한 부담을 해소해야만 한다.

그림 10

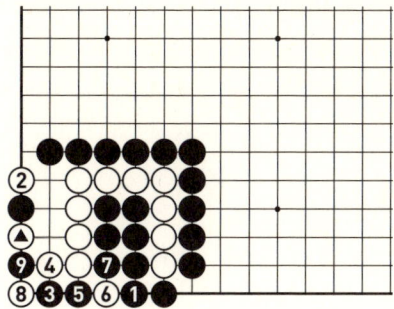

⑧로 두었을 때가 흑이 앞서 설명한 부담을 해소할 유일한 기회. 이 그림은 흑이 단패를 만드는데 성공했다.

그림 11

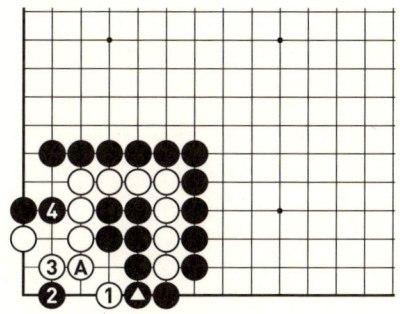

백이 1로 두어도 흑은 2, 4로 단패를 만드는 데 지장이 없다. ●와 백 1의 교환을 강요하면서 흑이 2로 두는 수가 가능해진 것이다. 결국 백은 A로 둔 이후에는 단패보다 좋은 결과를 얻지 못한다.

그림 12

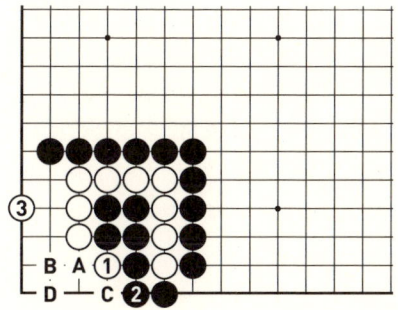

백 1로 단수 친다면 3까지는 외길이라고 할 수 있다. 그 이유는 백 3으로 백 1 한 점을 살린다면 1, 2 교환이 악수가 되기 때문에 생각하기 힘들고, 1로 단수 친 이후에는 흑이 A~D까지 백 한 점을 잡는 것이 권리이기 때문에, 백은 3 외의 다른 수는 생각할 수 없는 것이다.

그림 13

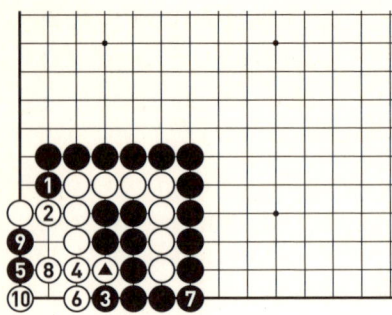

흑도 ⓐ을 잡는 수는 생각할 수 없다. 필연적으로 다른 방법을 강구해야 하는데, 흑 1, 3으로 바깥쪽에서 좁혀 들어가는 것은 이후 10까지 흑이 불리한 한 수 늘어진 패가 된다.

그림 14

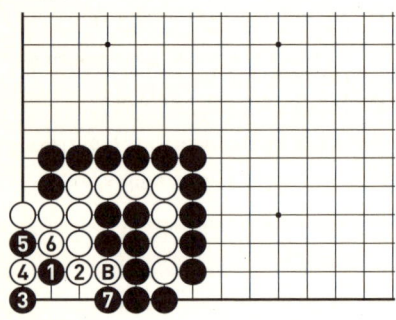

전 그림 흑 3으로는 1, 3이 지금 경우에서 좋은 공격이 된다. 이 그림은 단패의 모양으로 전 그림에 비해 흑이 훨씬 유리한 결과이다. 백은 B로 둔 이후에 마땅한 다른 선택은 없다.

그림 15

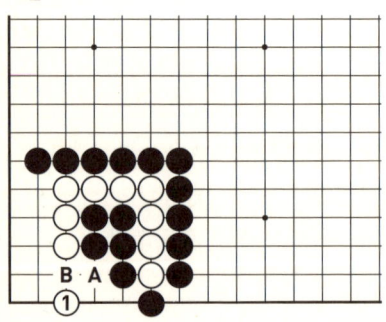

백 1로 두었을 때도 흑은 그림 6의 상황처럼 A, B가 백의 절대 선수인 점을 주의해서 공격해야 한다.

그림 16

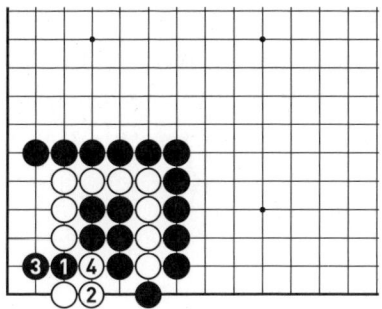

흑 1은 노골적으로 패를 만들려는 수단이지만 지금은 백 2로 잘 되지 않는다.

그림 17

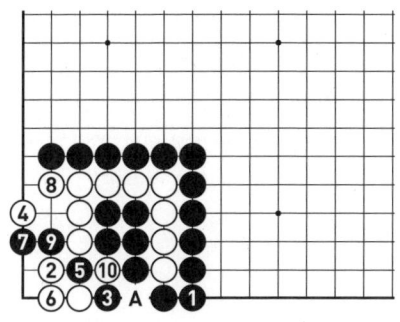

흑 1은 부담을 미리 해소하는 수이지만 이후 10까지 흑이 불리한 한 수 늘어진 패가 된다. 이것은 흑에게 미흡한 결과이다. 흑 1로 A로 두는 것 역시 비슷한 결과가 된다.

그림 18

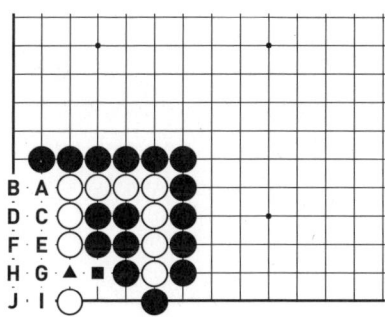

흑이 부담을 먼저 해소하려는 수들은 결과가 좋지 않았다. 그렇다면 그림 8처럼 생각해 보기로 한다. 백 돌이 ▲, ■ 자리에 있을 때 모두 흑이 가능한 수는 B, D, H뿐이다. 따라서 흑은 그 세 가지 수만 생각하기로 한다.

그림 19

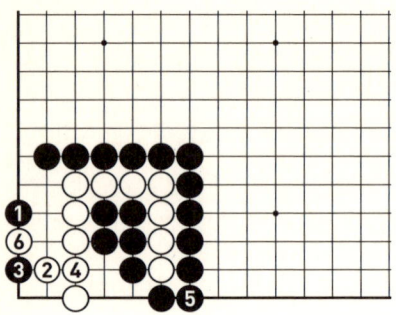

흑 1은 좋은 공격이지만 백 2 또한 좋은 수로 양패가 되어 살아가게 된다.

그림 20

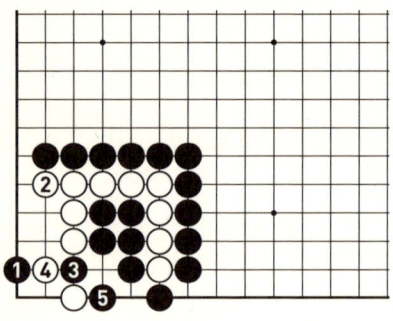

흑 1이 급소로서 이후 5까지 단패를 만드는 데 성공한 모습이다. 흑 1, 백 2의 교환으로 인해, 흑이 3으로 둘 때 백이 5로 두는 수가 불가능해졌다.

그림 21

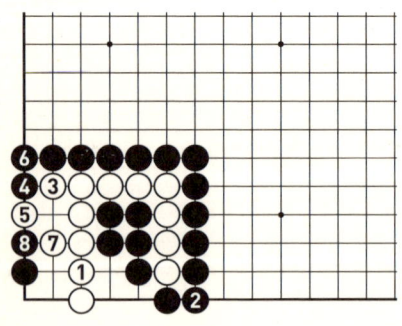

백은 1로 약점을 보강하고 3으로 궁도를 넓혀가더라도 흑은 이후 8까지 패를 만들 수 있다. 이 그림은 백이 손 빼도 패이지만 단패의 범주에 속한다고 볼 수 있다.

그림 22

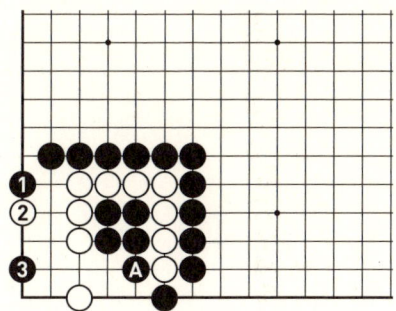

흑은 1을 교환하고 3으로 두어도
비슷한 결과가 된다. 결국 이 모양
의 핵심적인 급소는 3의 자리이다.
결국 흑은 첫 수로 A를 두어서 단
패를 만드는 데 성공한 모습이다.

그림 23

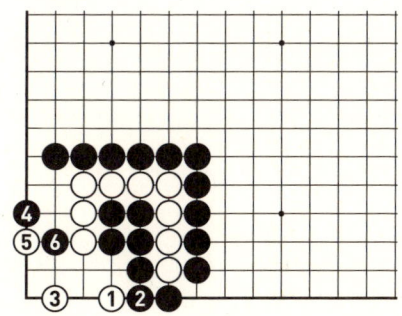

백 1, 3으로 두는 것은 흑 4가 단패
를 만들 수 있는 유일한 수. 백이 1,
2 교환을 하지 않고 그냥 3으로 둔
다면 흑 1로 응수하여 백이 살 수
없다.

그림 24

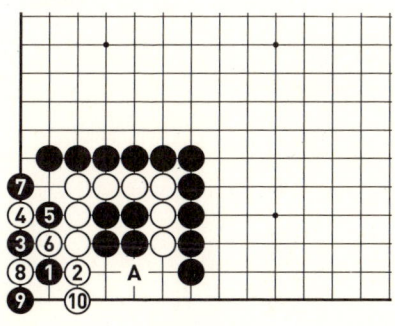

흑이 첫 수로 4점을 살리지 않는
경우도 생각할 수 있지만 잘 되지
않는다. 따라서 이 문제는 A로 두어
서 단패를 만드는 것이 정답이다.

바둑사전에도 없는 패

★★★☆☆

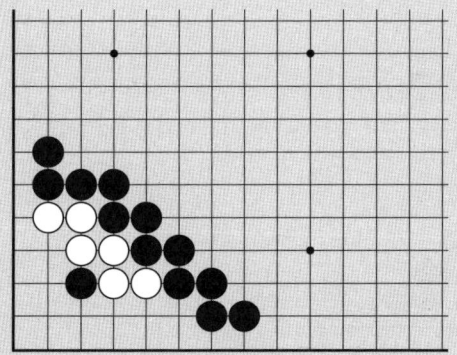

...

흑이 첫 수로 생각할 만한 곳도 많지 않고

궁도도 그리 넓지 않지만

생각보다 많은 변화가 내포되어 있다

그림 1

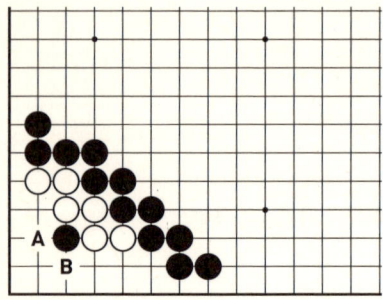

첫 수가 A, B 중 하나라는 것은 누구나 짐작할 수 있다. 이 모양은 A, B 두 곳을 흑 또는 백이 모두 차지한다면 한쪽은 절대 좋은 결과를 기대할 수 없는 모양이다. 먼저 두는 흑으로서는 당연히 첫 수로 A, B 중 한 곳을 선택해야 한다.

그림 2

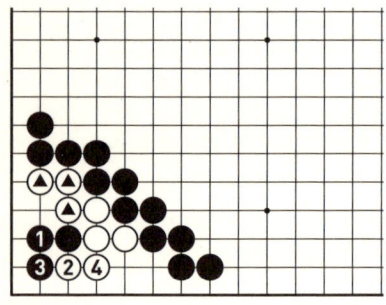

흑 1로 둔다면 백 4까지는 외길 수순이다. ▲가 바깥을 막고 있기 때문에 흑은 어떻게든 안에서 수단을 강구해야 한다.

그림 3

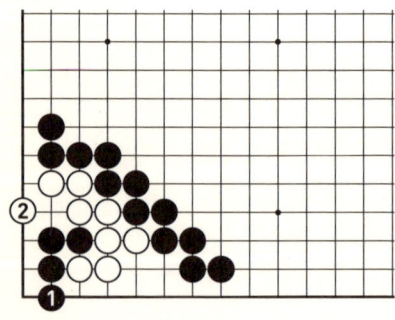

흑 1로 늘어서 수상전을 하는 수는 흑의 한 수 부족이다.

그림 4

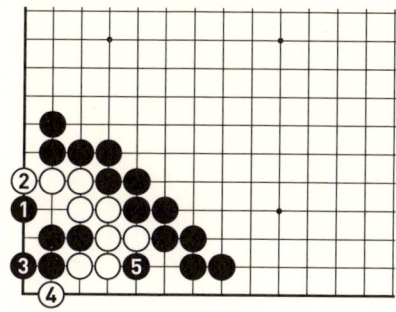

그림 2의 장면에서 흑은 지금처럼 불리한 한 수 늘어진 패를 만드는 것이 최선의 선택이다. 다음으로 흑은 첫 수를 그림 1의 B로 늘어서 한 수 늘어진 패 이상의 결과를 만들 수 있는지 알아봐야 할 것이다.

그림 5

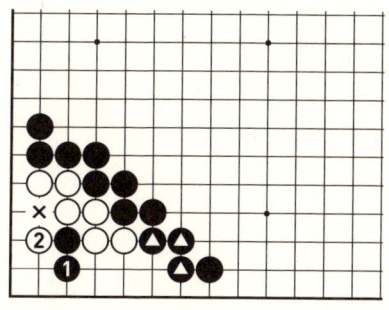

흑 1을 선택한다면 ▲들과의 연결을 보는 장점이 생기나 ✕의 곳에 백 안형이 생긴다는 단점도 있다. 흑은 장점을 잘 이용하여 단점을 커버해야 할 것이다.

그림 6

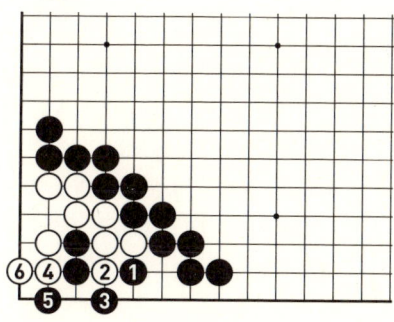

흑이 단순하게 바로 넘어가는 수는 이후 6까지 백이 쉽게 살게 된다.

그림 7

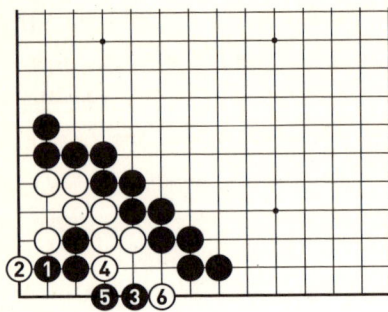

흑 1은 어쩔 수 없는 선택. 하지만 흑 1, 백 2의 교환 때문에 넘어가는 수는 노릴 수 없게 되었다.

그림 8

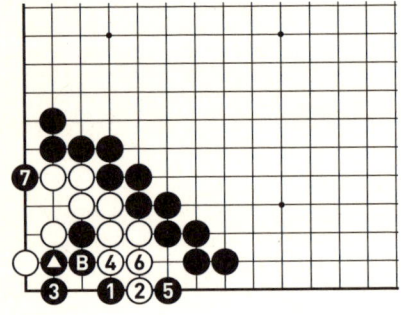

흑 1도 생각해볼 수 있다. 이후 7까지의 수순은 흑이 불리한 한 수 늘어진 패가 되며 그림 4의 결과가 된다. 지금까지 알아본 변화들로 알 수 있는 것은 1) 흑은 한 수 늘어진 패보다 좋은 결과를 찾아야 한다, 2) 첫 수는 B가 맞으며 그 다음●까지는 흑이 틀리지 않았다는 것이다.

그림 9

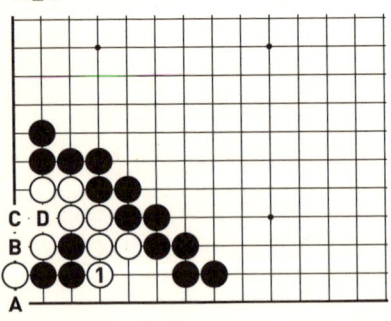

백 1로 막혀 있다고 생각해보자. 흑이 두 수를 두어서 한 수 늘어진 패보다 좋은 결과를 얻으려면 A~D 중에 두 곳을 두어야 한다. 흑이 역으로 생각할 수 있는 것은 A~D와 백 1의 자리인데 그중 C를 제외한 곳들은 안 된다는 것을 알 수 있다.

그림 10

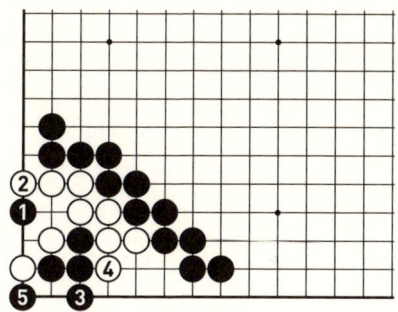

따라서 흑 1이 유일한 길이다. 이
어 흑 3이 우측으로 연결하는 수와
귀의 패를 맞보는 수. 이 그림은 흑
이 단패를 만들었으므로 흑이 성
공한 모습이다.

그림 11

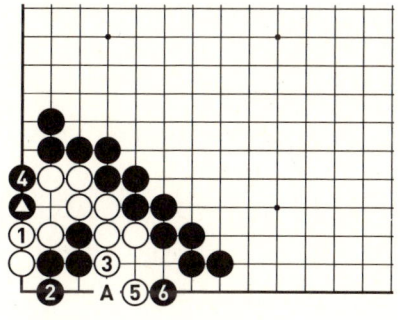

백도 1로 응수하는 것은 어쩔 수
없다. 이후 6까지는 외길 수순. 한
수 늘어진 패보다 유리한 패를 만
드는 데 성공. 쌍방 최선의 결과이
다. ●와 백 1의 교환으로, 그림 8에
비해 좋은 결과이다. 조금 어려운
모양이므로 마지막 그림의 추가 설
명을 참고하기를 바란다.

그림 12

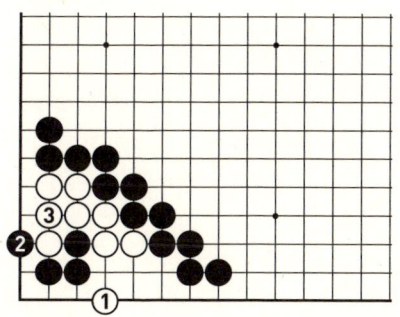

백은 1로 한 칸 뛰어서 변화를 구
할 수도 있다. 이때 흑이 2로 단수
치는 것은 수상전의 형태이지만
흑이 한 수 늘어진 패보다 좋은 결
과를 만들 수 없다.

그림 13

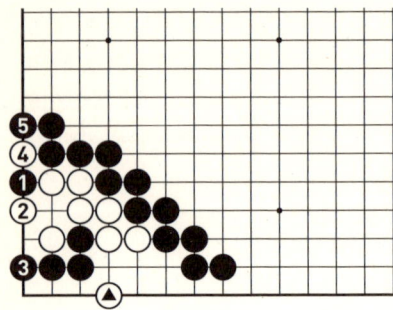

흑 1, 3이 수상전에서의 좋은 기술.
이 그림은 단패로서 흑 성공. 백 2
로 3으로 젖히는 것은 흑이 2로 두
어서 백이 살지 못한다. ⓐ가 그림
11보다 더 안 좋은 곳에 위치하고
있다.

그림 14

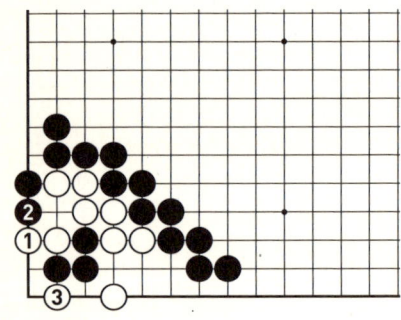

백 1도 수상전의 좋은 기술이다.
이 그림은 백 성공.

그림 15

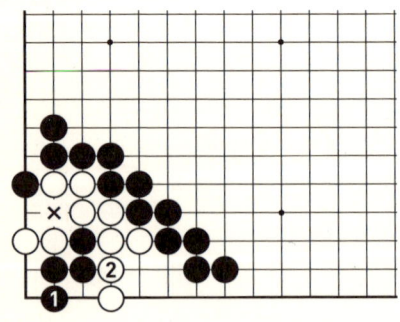

흑 1도 급소지만 백이 2로 응수한
다면 ✕의 곳에 안형을 만들 여지
가 있기에 지금 모양에서는 선택
할 수 없다.

그림 16

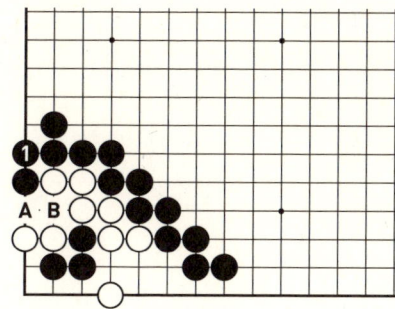

흑 1이 이전 그림들의 단점을 모두 해결하는 수. 다음 백의 응수에 따라서 흑은 A, B를 선택할 수 있으며 이 그림은 백이 꼼짝없이 잡힌 모습이다.

그림 17

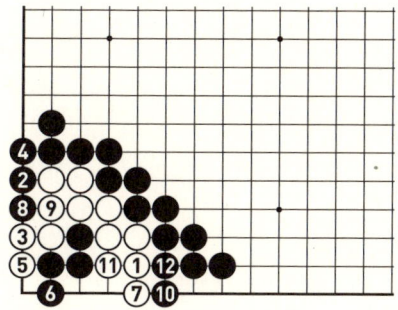

백 1로 두는 경우에도 흑 2, 4가 좋은 응수이다. 이 그림은 그림 11의 결과와 같은 결과라 볼 수 있다. 이 패는 명칭이 불분명하지만 분명한 것은 한 수 늘어진 패보다는 흑에게 유리하고, 단패보다는 백에게 유리하다는 것이다.

아주 좋아하는 문제

★★★★☆

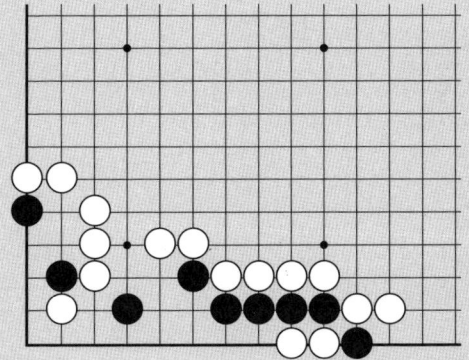

...

개인적으로 좋아하는 문제.
정답의 아이디어는 미용실에서 머리를 자르면서 떠올렸고
몇 번의 수정을 거쳐 문제가 완성되었다.

그림 1

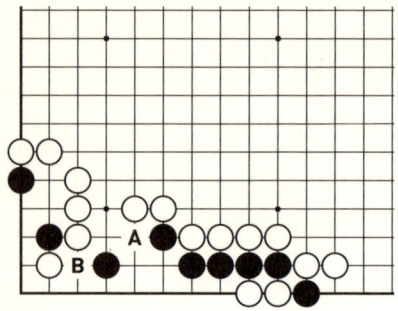

흑이 생각할 수 있는 첫 수는 A, B
두 가지뿐이다.

그림 2

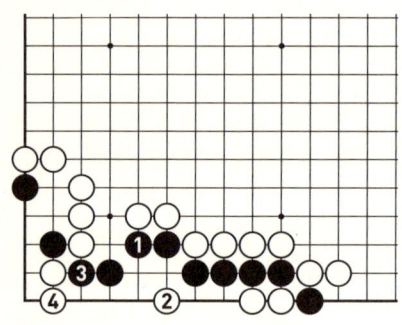

흑이 1로 막는다면 백 2는 당연하
다. 그 다음 결국 흑은 3을 두어야
한다. 그렇다면 흑 1, 백 2의 교환
이 과연 흑에게 이득이었는지 확
인해보도록 한다.

그림 3

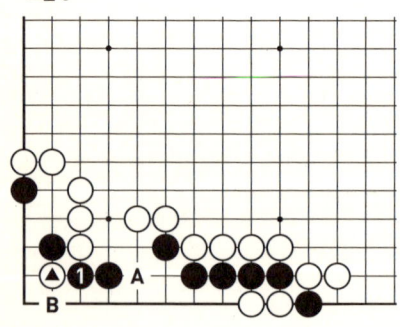

흑 1로 먼저 끊는다면 어떻게 될
까? 백이 생각할 수 있는 수는 A, B
두 가지뿐이다.

그림 4

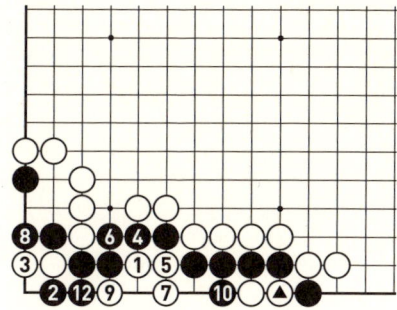

백 1로 붙여서 반발하는 수는 이후 12까지 흑이 유리한 한 수 늘어진 패가 된다. 이것이 누구에게 만족 스런 결과인지는 다른 변화를 살펴본 뒤 알 수 있을 것이다.

Ⓐ…⑪

그림 5

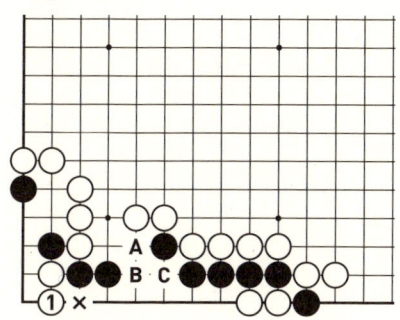

백 1로 받는다면 ✕의 곳이 선수가 될 가능성이 생겼기 때문에 A뿐만 아니라 B, C 등도 생각할 수 있다. 흑이 먼저 끊음으로 인해서 더 많은 가능성이 생긴 것이다. 이제 흑은 A, B ,C의 차이점에 대해 알아볼 차례이다.

그림 6

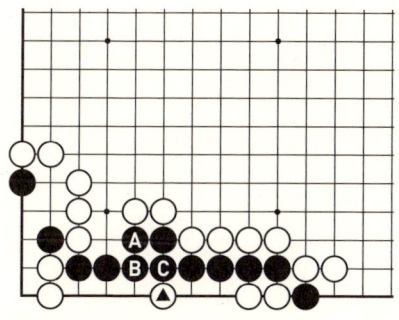

흑이 A, B, C 중 어떤 곳을 두어도 Ⓐ로 응수할 수밖에 없다. 흑은 이후 진행을 살펴보면서 A, B ,C중 가장 알맞은 수를 선택하면 될 것이다.

그림 7

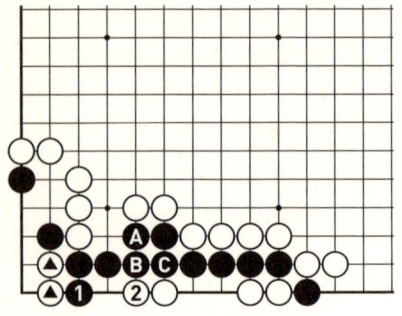

흑 돌이 A, B, C 중 어느 곳에 있어도 흑 1로 두었을 때 백은 2로 두어야 한다. 흑은 필연적으로 좌하 귀 ⓐ 두 점을 제압할 수 있으며 어떻게 제압하느냐에 따라 결과가 달라질 것이다. 백 두 점을 제압하는 모양에 대해 알아보기로 하자.

그림 8

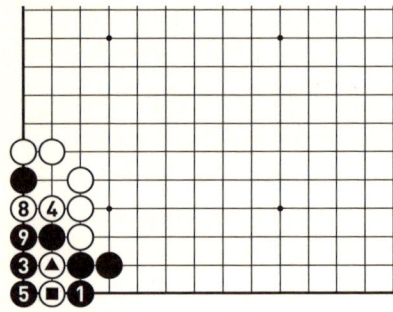

흑 1, 3은 가장 쉬운 그림이다. 흑은 한 집을 얻었지만 바깥 공배가 선수로 다 메워진 점에 주의해야 한다. 이 모양은 흑이 가장 쉽게 둔 결과이며, 백으로서는 가장 잘 된 결과라고 할 수 있다.

ⓐ … ⑥

▣ … ❼

그림 9

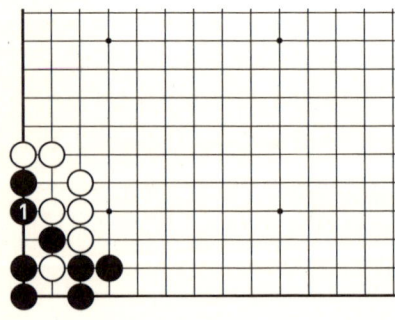

전 그림 흑 7로는 지금처럼 패로 버티는 수도 있다. 확실한 한 집은 아니지만 바깥 공배가 다 메워지지 않았다는 장점도 존재한다.

그림 10

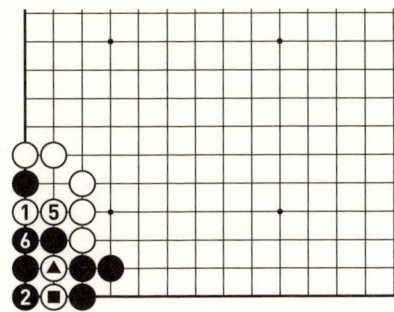

백은 1로 붙이는 수가 정수. 이 결과는 그림 8의 결과와 같다.

(▲) … ③

(■) … ④

그림 11

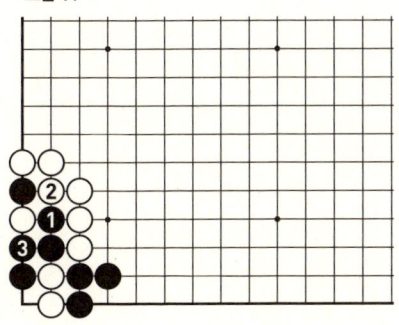

전 그림 흑 2로 특수한 상황에서는 1, 3의 수도 가능하다. 흑은 후절수를 이용하여 한 집을 확보했고, 경우에 따라서는 그림 8의 결과보다 바깥 공배에 있어서 여유가 생긴 모습이라고 볼 수 있다.

그림 12

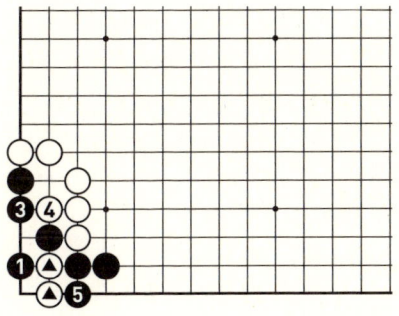

흑은 1, 3으로 제압하는 수도 생각할 수 있다. 그림 9와 비슷한 결과이지만 백 두 점이 따내져 있지 않다는 점이 다르다. 지금까지 ▲ 두 점을 제압하는 방법에 대해 알아봤다. 8~12번 그림 중 어떤 것을 택해야 할지 알아보자.

그림 13

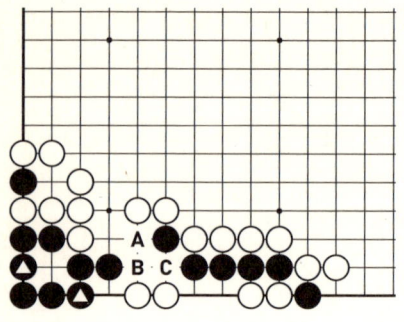

그림 10의 ●로 좌하 귀 백 두 점을 제압한 결과이다. 흑 돌이 A, B, C 중 어느 곳에 있어도 백이 차단을 하면 양자충으로 잡히는 모습이기 때문에 흑은 이 선택을 할 수 없다. 흑은 그림 11 혹은 12를 선택해야 하는데 모양이 더 좋아 보이는 12번의 선택이 가능한지 알아보도록 한다.

그림 14

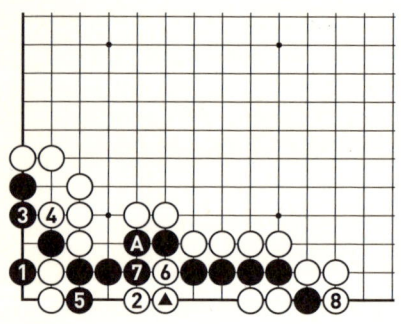

흑 A를 선택하고 ▲로 응수할 때 흑 1, 3으로 두는 것은 이후 백 8까지 양자충으로 흑이 잡히게 된다.

그림 15

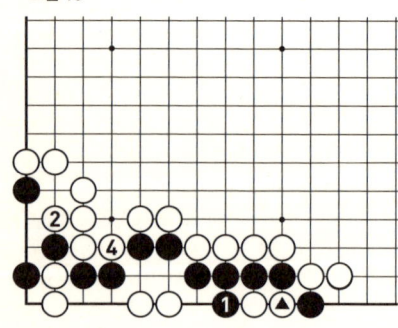

전 그림 흑 3으로 1을 먼저 선수하려 해도 여의치 않다.

▲ … ③

96

그림 16

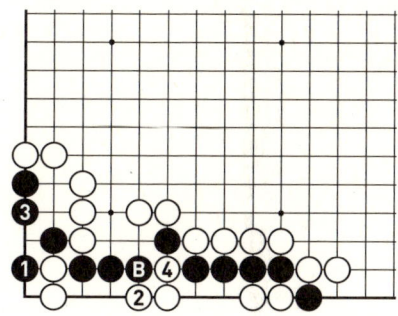

흑이 B를 선택한 후 1, 3으로 두는
수 또한 역시 자충으로 잘 안 된다.

그림 17

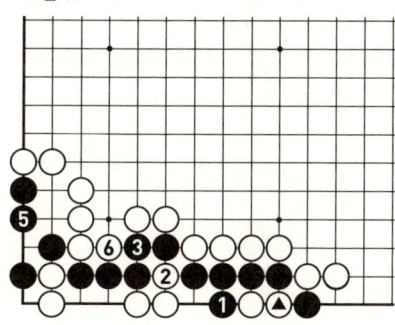

이번에도 흑 1을 선수로 하기가 여
의치 않다.

④ … ④

그림 18

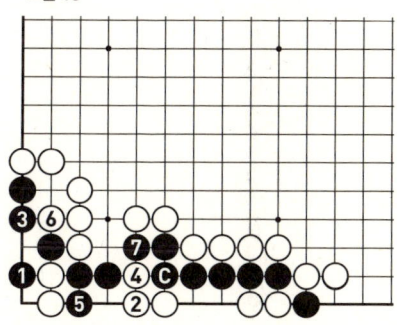

흑 C를 선택하고 1, 3으로 두면 가
능할 것처럼 보인다. 이 그림은 흑
성공의 모습이다.

그림 19

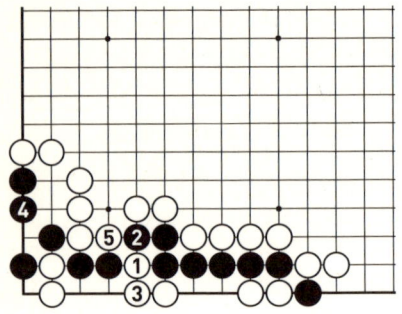

백은 1로 끼우는 수가 정확한 응수
이다. 이로써 흑은 그림 6의 A, B,
C 중 어떤 것을 선택하더라도 그림
12를 선택할 수 없다는 결론이 나
온다. 그렇다면 마지막 남은 그림
11에 희망을 걸어봐야 한다.

그림 20

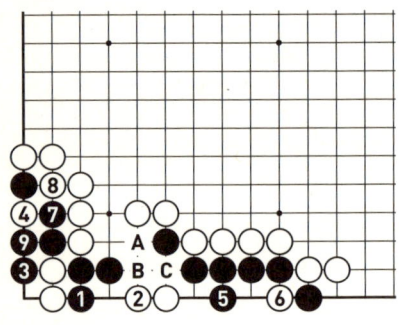

흑 1~9는 어쩔 수 없는 선택이라
는 결론이 나왔다. 그렇다면 마지
막으로 흑은 A, B, C 중 어떤 것을
선택해야 하는지 알아봐야 한다.

그림 21

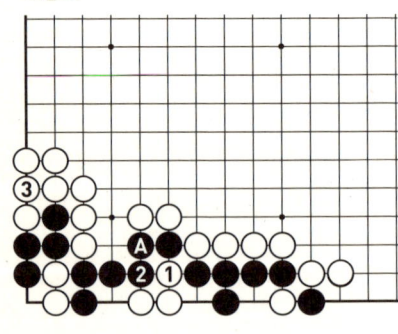

흑이 A를 선택한다면 백 3이 좋은
수로 흑이 잡히게 된다. 흑이 전
그림의 B를 선택해도 결과는 같아
진다.

그림 22

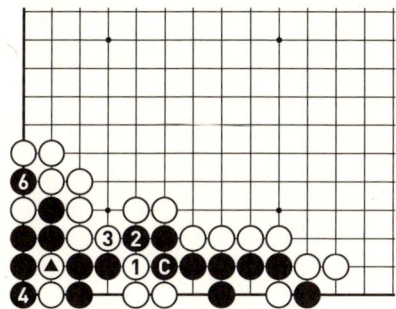

흑은 C를 선택하는 것이 정수. 이
결과는 쌍방 최선의 결과이며 흑은
불리한 한 수 늘어진 패를 만들어
냈다. 백으로서도 그림 4의 결과보
다 이 그림이 더 유리한 결말이다.

㊟…⑤

그림 23

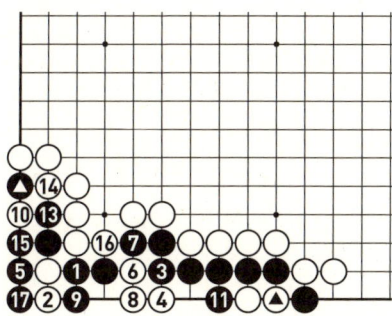

이것이 정답 수순이며 흑은 불리
한 한 수 늘어진 패를 만드는 것이
최선이다. 수순 중 흑 5와 9는 순서
를 바꾸더라도 같은 결과가 된다.

②…⑱

❷…⑲

㊟…⑫

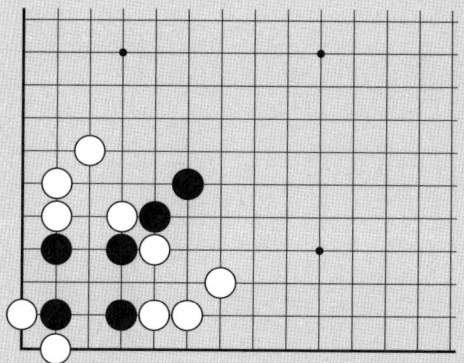

...

잠깐 쉬어가는 시간.

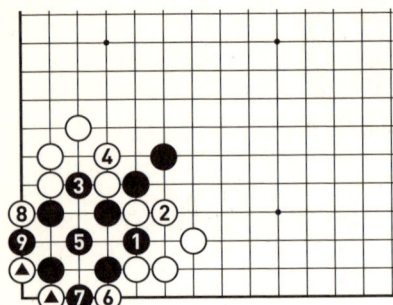

그림 1

흑 1, 3은 흑의 선수 권리. 흑 5는
● 두 점이 건너가지 못하도록 만
드는 유일한 수.

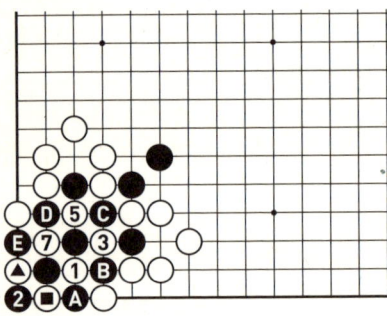

그림 2

백은 1로 따내고 흑도 뒤따라가며
패를 따내면서 순환패가 된다. 이
후 12까지 처음 모습으로 되돌아
가게 되었다.

Ⓐ … ❹   Ⓔ … ⓬
Ⓑ … ❻   ● … ⑨
Ⓒ … ❽   ■ … ⑪
Ⓓ … ⑩

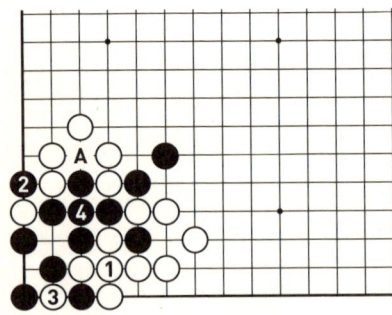

그림 3

백이 도중에 백 1로 이어서 패를
해소하더라도 A의 약점 때문에 흑
4가 선수가 되면서 패가 된다.

적의 급소는 나의 급소라는 진리

★★★★☆

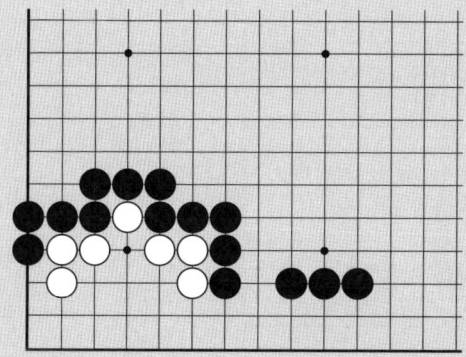

...

생각하기 힘든 백의 응수가 상당히 강력하고 까다롭다.

그림 1

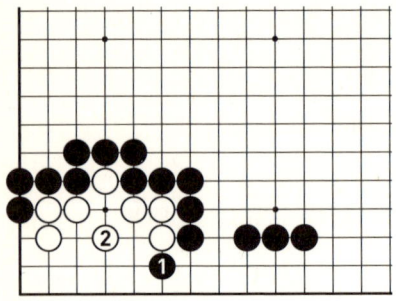

흑 1은 가장 단순한 공격이며 백은 2로 응수하여 쉽게 패가 된다. 흑이 패를 만들 수 있는 방법은 흑 1 이외에도 수없이 많으므로 흑의 목표는 패가 아님을 일찌감치 알 수 있을 것이다.

그림 2

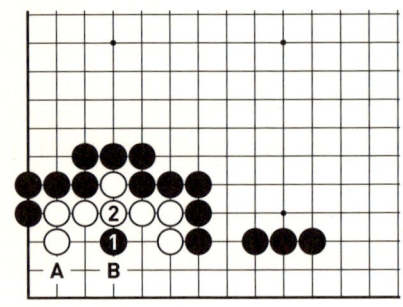

패를 피하기 위해서 흑 1은 당연한 선택이며 백 2는 필연이다. 이후 흑이 생각할 만한 수는 A, B 정도이다.

그림 3

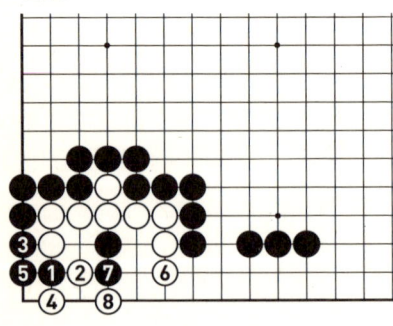

흑 1, 3으로 두는 것은 이후 8까지 백이 어렵지 않게 패를 만들 수 있다.

그림 4

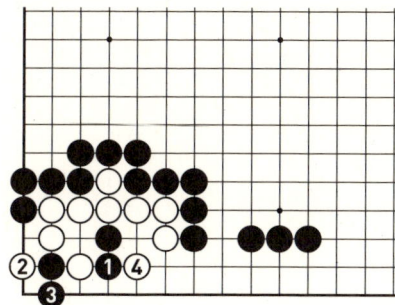

전 그림 흑 3으로 1로 두는 것 역시 백이 2, 4로 응수하면 백을 잡는 것은 불가능하다.

그림 5

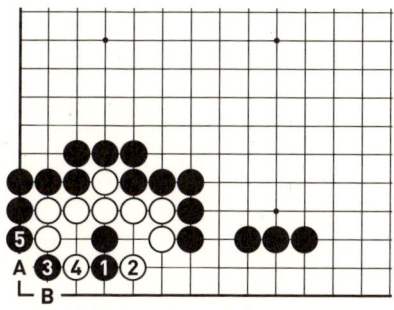

흑 1이 백을 잡을 수 있는 유일한 가능성이라고 할 수 있다. 이 그림은 전 그림과는 달리 백에게 A, B 교환을 할 시간을 주지 않아 백을 잡는 데 성공한 모습이다.

그림 6

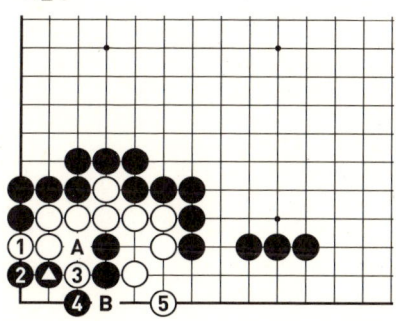

●로 붙인 장면에서 1의 자리까지 흑에게 허용한다면 백은 어떤 두 수를 두어도 살 수 없다. 그러므로 백 1의 차단은 당연하다. 이때 흑이 2로 막아가는 것은 백 3, 5로 두어 A, B가 맞보기로 패가 된다.

그림 7

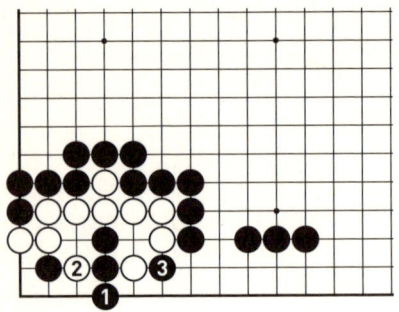

흑 1이 급소로 3까지 쉽게 백을 잡을 수 있다.

그림 8

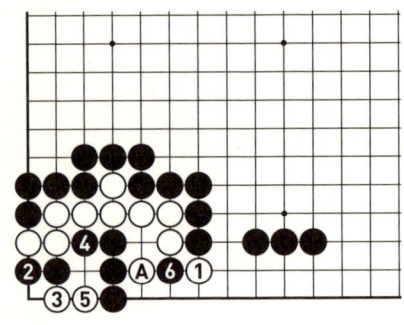

백 1로 차단하여도 흑은 이후 6까지 쉽게 백을 잡을 수 있다. 결국 백은 A를 다시 생각해봐야 할 것이다.

그림 9

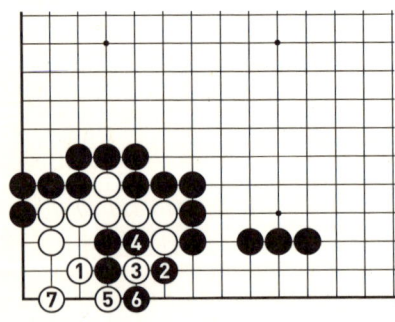

백 1로 반대쪽으로 붙이면 어떻게 될까? 흑이 2, 4로 가장 쉽게 받는다면 백은 5, 7의 수단으로 패를 만들 수 있다.

그림 10

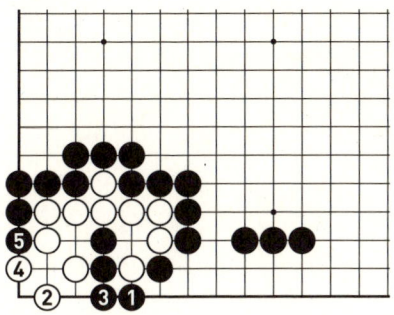

흑은 1로 넘어가는 것이 정수. 이 그림은 백이 잡힌 모습이다.

그림 11

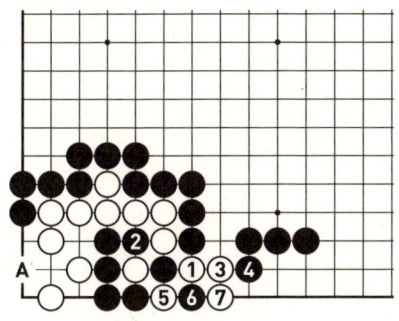

백 1, 3으로 바깥쪽에서 변화를 구할 수도 있다. 이때 흑이 평범하게 4로 받는 것은 이후 백 7까지 패가 된다. 흑 4가 A에 있더라도 흑은 패를 피할 수 없다.

그림 12

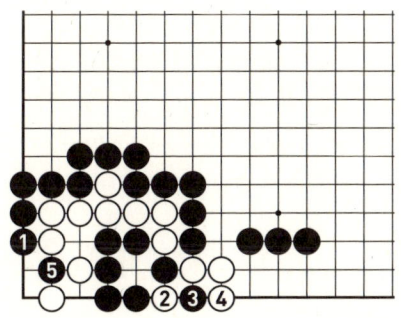

흑은 1, 5로 자충을 유도하여 수상전을 승리할 수 있다.

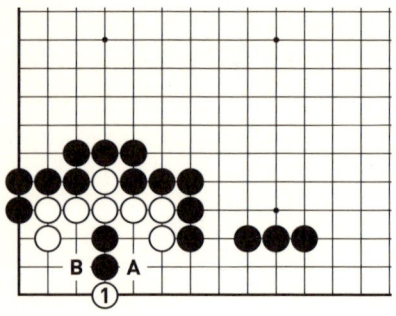

그림 13

백 A, B 모두 살 수 없다는 것을 확인했다. 마지막 남은 응수는 백 1로 흑 두 점의 중앙을 붙이는 수이다. A, B 변화에서 패 모양이 만들어질 때에는 항상 1의 자리에 백돌이 있었던 점을 생각해본다면 흑에게 가장 어려운 응수라고도 할 수 있겠다.

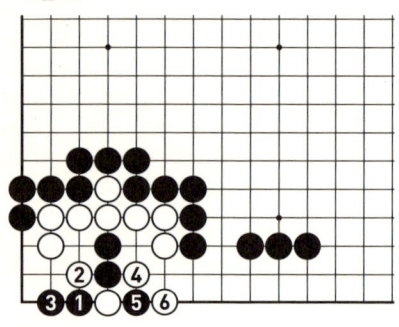

그림 14

가장 쉽게 흑 1로 단수 치는 수는 이후 백 6까지 패 모양을 피할 수 없다.

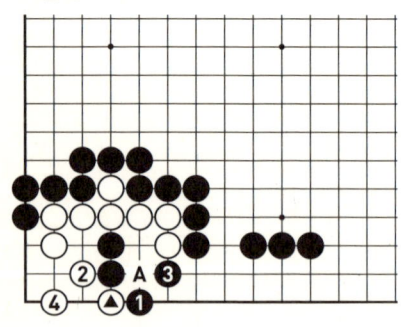

그림 15

흑 1로 반대쪽에서 단수 치는 수 역시 패를 피할 수 없다. 그림 10과 비교하면 A 자리에 있던 백 돌이 ⚫로 옮겨지면서 패 모양이 만들어지는 것을 확인할 수 있다.

그림 16

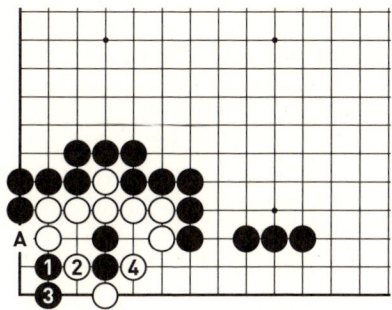

흑 1로 붙이는 수도 잘 되지 않는 다. 흑은 패를 피하려면 3으로 뒤 야 하지만 역시 잘 되지 않는다. 흑 3으로 A로 넘는 수는 그림 3으로 환원된다.

그림 17

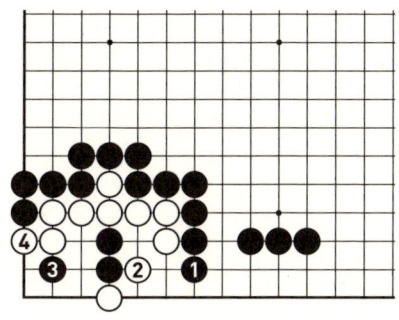

흑 1의 교환을 먼저 한다면 이번엔 백 4로 막아서 흑이 수 부족이다.

그림 18

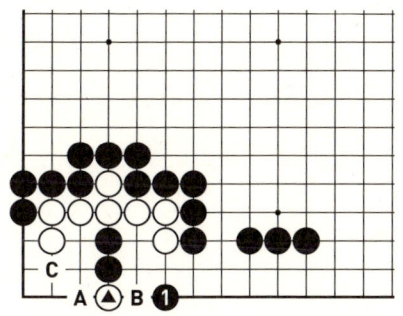

흑 A, B, C는 패 모양을 피하는 데 실패했다. 흑 1은 뜬금없어 보일지 모르지만 ⓐ에 한 칸 뛴 곳에 흑 돌 이 오면서 백의 패 모양 만들기 작 전을 원천적으로 봉쇄하는 수이다. 이후 변화들을 통해 흑 1의 효과를 확인할 수 있다.

그림 19

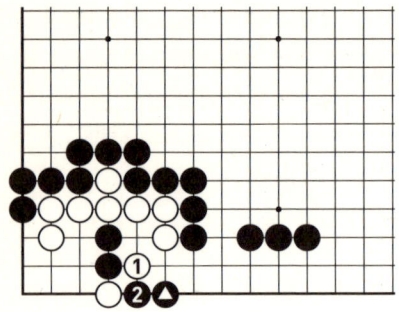

백 1로 응수하는 것은 흑 2로 간단히 잡히게 된다. 그림 15와 비교해 ●와 백 1의 교환이 흑에게 큰 이득이 된 것을 확인할 수 있다.

그림 20

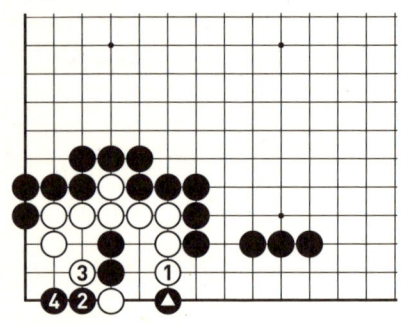

백 1로 응수한다면 흑 2로 둔다. 이 역시 그림 14와 비교해 ●와 백 1의 교환이 백으로 하여금 패 모양을 만들기 어렵게 한다.

그림 21

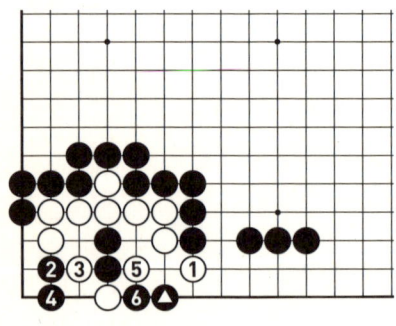

백 1로 젖힌다면 이번엔 흑 2로 붙인다. 이 그림 역시 ●와 백 1의 교환이 그림 16에 비해 흑에게 큰 이득이 된 것을 알 수 있다.

그림 22

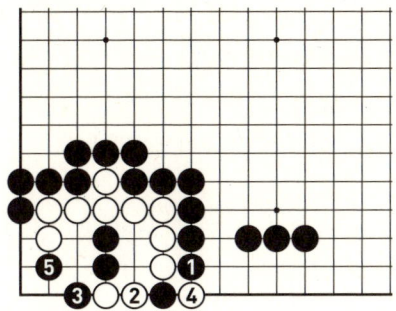

그림 20의 흑 2로는 지금처럼 흑 1
로 막아도 백을 잡을 수 있다고 생
각하기 쉽다. 하지만!

그림 23

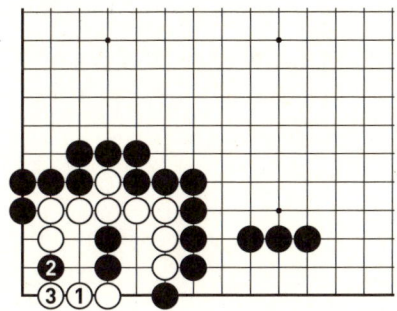

백 1, 3의 버팀이 있어 한 수 늘어
진 패가 되는 점을 주의해야 한다.

천천히 유유히

★★★☆☆

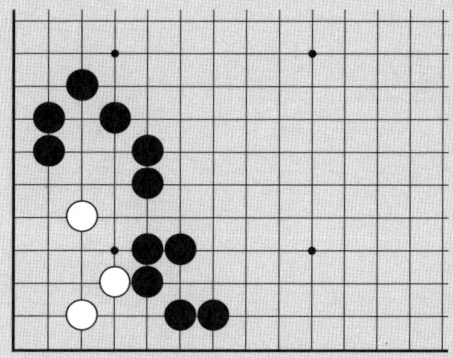

...

원래 처음에는 백으로 살리는 문제였으나
좋은 수를 뒤늦게 발견하고 흑선으로 바꾼 문제이다.

그림 1

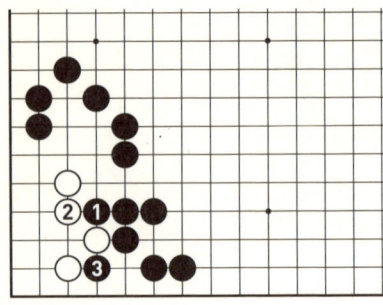

가장 먼저 흑 1로 궁도를 좁히는 수를 생각해보자. 백이 2로 받는 것은 흑 3으로 쉽게 잡히게 된다.

그림 2

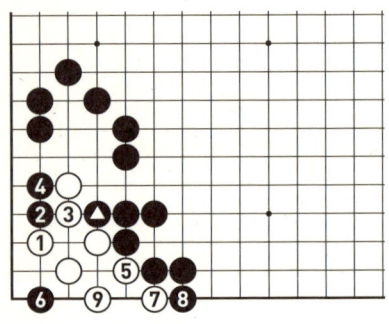

백은 1로 두는 것이 유일한 방법이다. 이후 백 9까지는 외길 수순으로 흑이 유리한 한 수 늘어진 패이다. 결국 ●에 첫 수를 둔다면 유리한 한 수 늘어진패를 만들 수 있다. 이제부터는 더 좋은 결과가 있는지 알아봐야 할 것이다.

그림 3

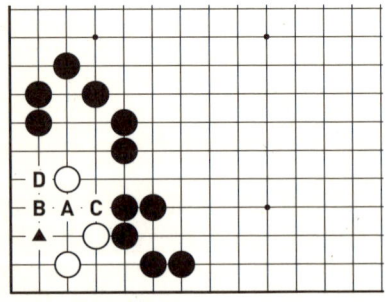

▲에 백 돌이 있다고 생각해보자. 이때 흑이 두 수를 두어서 전 그림보다 좋은 결과를 얻을 수 있는 조합은 A-B뿐이다. 그러나 흑이 첫 수로 A에 두는 것은 C로, B에 두는 것은 D로 쉽게 안 된다. 흑이 생각할 수 있는 수는 ▲뿐이다.

그림 4

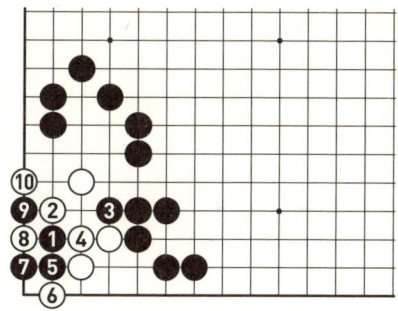

흑 1로 치중 갈 때 2는 백의 일감.
흑이 3으로 두는 것은 이후 백 10까
지 외길 수순으로 패가 된다.

그림 5

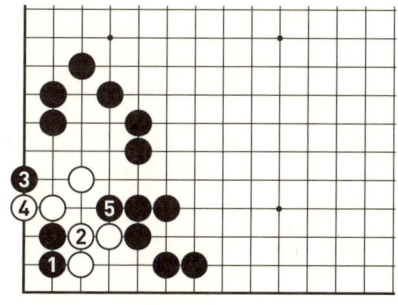

흑은 1로 막는 것이 좋다. 이후 3, 4
교환을 통해 전 그림처럼 백이 패
를 만들 여지를 없앤 후 흑 5로 두
어 백을 잡을 수 있다.

그림 6

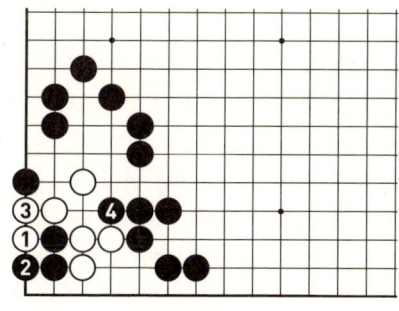

전 그림 백 4로 지금처럼 1로 젖히
는 수 역시 흑 2, 4로 두어서 잡히
게 된다.

그림 7

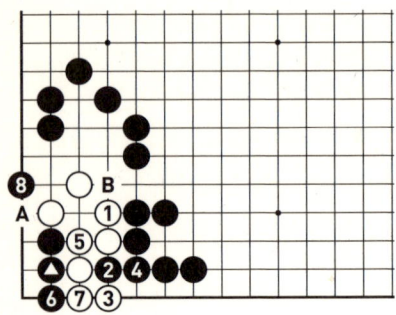

그림 5의 백 2 대신 1로 두는 수 또한 이후 흑 8까지 외길 수순으로 백이 잡히게 된다. ●가 놓인 이후로는 백이 별다른 방법이 없다.

그림 8

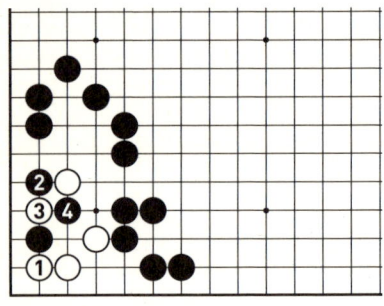

앞에서 보았듯이 백 1은 급소 자리이다. 하지만 지금 바로 두는 것은 흑이 2로 넘어서 쉽게 안 된다.

그림 9

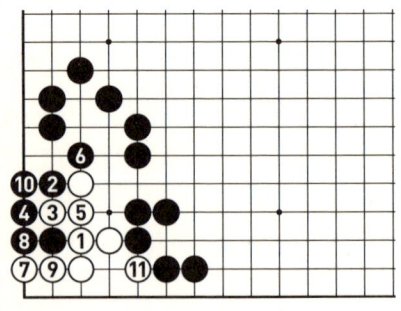

따라서 백 1이 백에게 남은 유일한 버팀. 흑 2로 넘어가는 것은 백 11까지 패를 만들 수 있다. 이 그림은 전 그림과 달리 흑이 넘어가는 과정에서 백이 1, 7, 9를 모두 둘 수 있게 되어 탄력을 얻게 된 모양이다.

그림 10

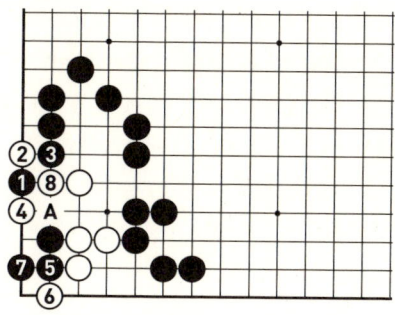

흑 1로 두는 수도 생각할 수 있다. 이때 백이 A로 받는 것은 흑이 5로 두어 그림 5로 환원되기 때문에 지금처럼 백 2로 차단할 수밖에 없다. 이후 흑이 3, 5로 두는 것은 8까지 백이 살게 된다.

그림 11

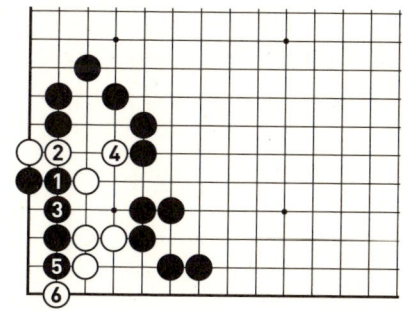

전 그림 흑 3으로 1,3으로 버티는 수 역시 백 6까지 흑의 한 수 부족으로 실패이다.

그림 12

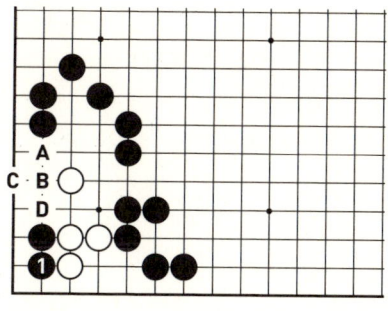

흑 한 점을 바로 넘으려는 시도는 결과가 좋지 않았기 때문에 흑은 1로 두는 것을 생각해야 한다. 이때 백이 생각할 수 있는 응수는 A~C뿐이다. D는 그림 5로 돌아갈 뿐이다.

그림 13

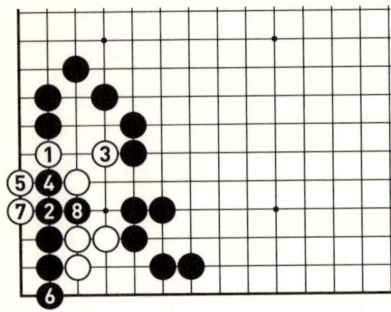

백 1로 넓히는 것은 이후 흑 8까지
백이 한 수 부족으로 잡히게 된다.
그림 11과 비교했을 때 흑 돌들이
훨씬 효율적인 위치에 있다는 것
을 알 수 있다. 백이 1로 5에 한 칸
뛰는 수도 흑이 2로 둔다면 본 그
림과 같은 결과가 된다.

그림 14

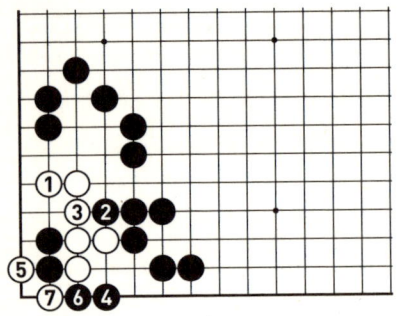

따라서 백은 1로 응수할 수밖에 없
다. 이때 흑이 평범하게 2, 4로 두
는 것은 5로 붙여서 패가 된다. 백
이 만약 5로 6으로 막는다면 흑이
5로 두어서 백을 잡을 수 있다.

그림 15

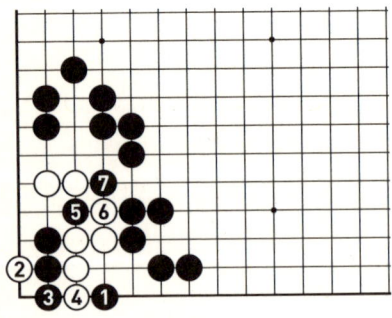

전 그림 흑 2, 백 3의 교환을 생략
한 채 흑 1로 먼저 두어갈 수도 있
다. 백이 똑같이 2로 붙여 응수하는
것은 이후 흑 7까지 잡히게 된다.

그림 16

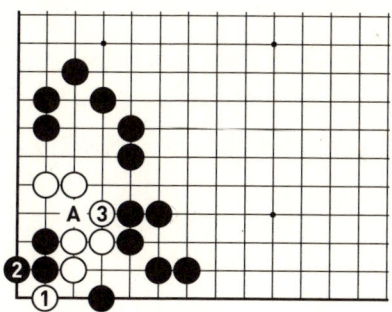

하지만 백은 전 그림처럼 두지 않고 백 1로 젖혀서 잘 잡히지 않는다. 흑 3과 백 A의 교환을 강요할 시간이 없는 것이다.

그림 17

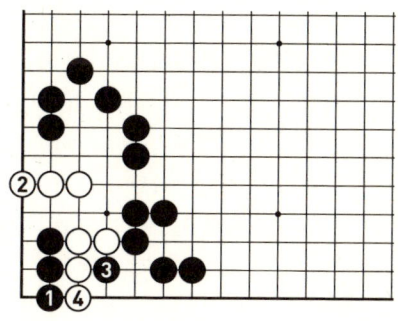

흑 1로 둔다면 그때는 백 2의 곳이 급소가 된다. 결과적으로 흑 1이 안 좋은 위치에 놓이게 되면서 백을 잡을 수 없게 되었다.

그림 18

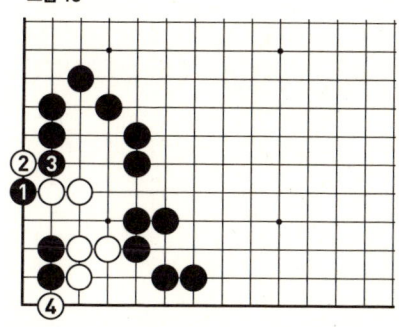

흑 1로 붙이는 것은 백 2, 흑 3을 교환한 후 4로 두어 그림 10과 비슷한 형태로 흑의 실패이다.

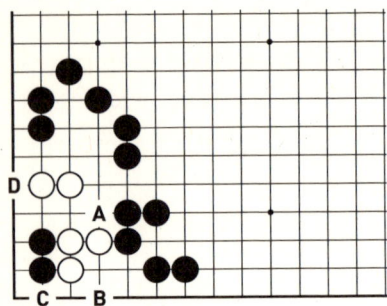

그림 19

흑의 유력한 공격 방법이었던 A~D가 모두 각각의 단점을 드러내며 실패했다. 이 단점들을 모두 해결할 수 있는 수를 찾아야 한다.

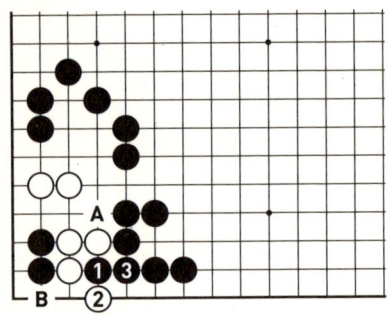

그림 20

흑 1이 쉽게 떠오르지 않는 수. 얼핏 보기에 느려 보이지만 그림 16과 비교했을 때 A가 더 확실한 선수라는 장점이 생겼다. 또한 B의 곳이 절대 선수이지만 교환을 하지 않을 자유가 있는 점이 그림 17보다 좋은 점이라 할 수 있겠다.

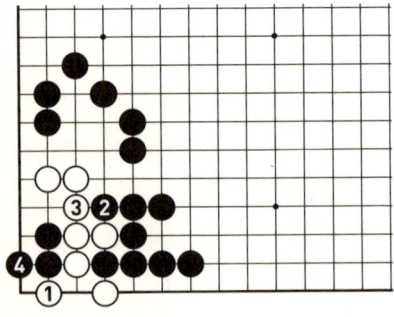

그림 21

백 1로 젖히는 수는 그림 16과 달리 흑 2가 선수가 되면서 백이 잡히게 된다.

그림 22

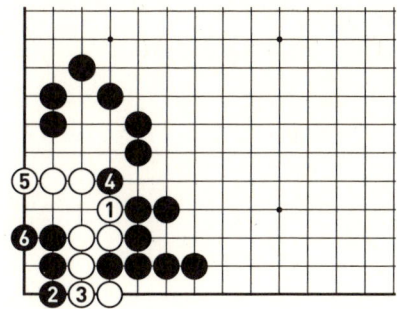

백 1로 넓히는 수 역시 이후 흑 6 까지 유가무가로 잡히게 된다. 백 1과 흑 4의 교환이 생기면서 그림 17과 다른 결과를 얻을 수 있게 되었다.

그림 23

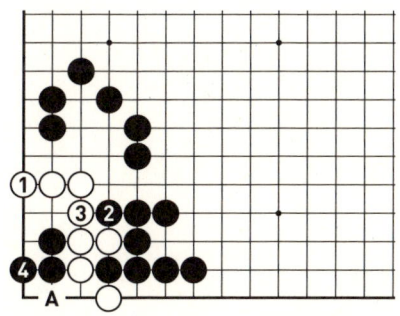

백 1로 두는 것 역시 흑 2, 4로 백이 잡히게 된다. A에 흑 돌이 없다는 점이 그림 17보다 좋은 점이다.

그림 24

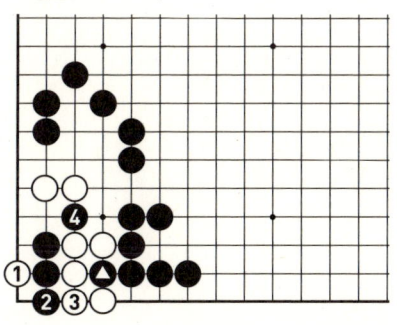

백 1로 붙이는 수 역시 흑 2, 4로 그림 15와 유사하게 백이 잡히게 된다. 쉽게 떠오르지 않지만 ●가 백을 잡을 수 있는 유일한 방법이며 이 문제의 정답이다.

나도 잘 몰라!

★★★☆☆

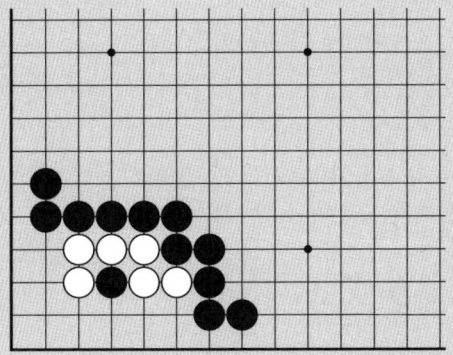

...

이 문제는 실전 대국에서 아이디어를 얻었다.
마지막 결과가 상당히 흥미로운 문제.

그림 1

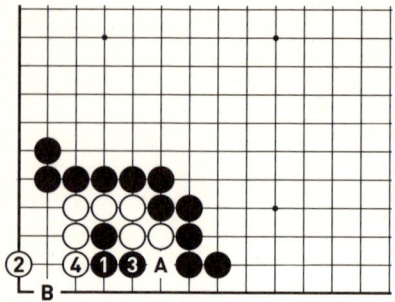

흑 1은 일감이지만 백 2가 좋은 맥점으로 4까지 백이 A, B를 맞보기로 살 수 있다.

그림 2

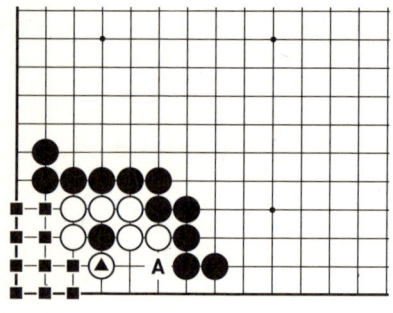

흑이 첫수로 한 점을 살리는 것은 안 되기 때문에 ⬛가 있다고 생각해보자. 이 때 흑이 ■ 표시된 곳들 중 어떤 두 곳을 두어도 백이 A로 막는다면 살게 된다. 이는 흑이 반드시 ⬛를 기준으로 했을 때 오른쪽 부분에 한 수를 투자해야 한다는 뜻이다.

그림 3

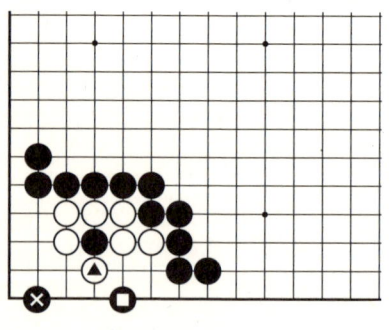

⬛ 오른쪽 부분에 흑은 한 수를 반드시 투자해야 하는데 가장 효율적인 곳은 ⬤다. 그후, 흑은 한 수를 더 투자해야 하는데 ❌ 외에 다른 곳은 백이 쉽게 살게 된다. 흑은 반드시 이 모양을 만들어야만 하며 어떤 자리를 먼저 두어야 하는지 알아보도록 하자.

그림 4

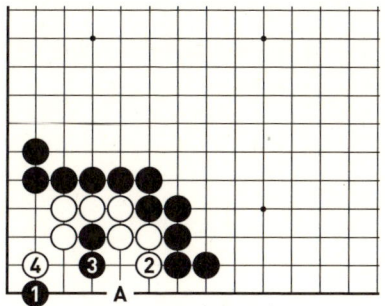

흑 1로 두는 것은 백 2, 4로 쉽게 살게 된다. 결국 흑이 첫 수로 둘 수 있는 수는 A뿐이다.

그림 5

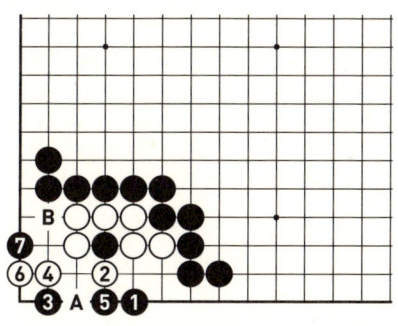

흑 1, 3이 정확한 수순. 백이 4, 6으로 둔다면 흑 7이 A, B를 동시에 방비하는 좋은 수로 흑은 단패를 만들 수 있다. 이 그림은 흑이 성공한 그림이다.

그림 6

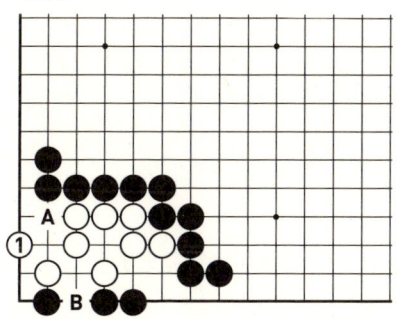

백 1로 두는 수도 A, B를 동시에 노리는 수.

그림 7

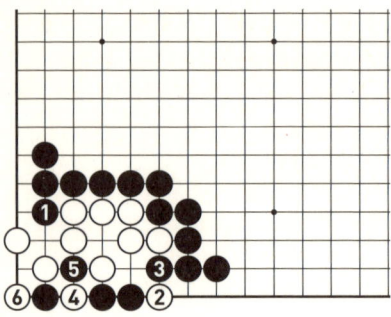

흑 1은 이후 6까지 백이 양패로 살게 된다. 흑 1로 4에 두는 것 역시 백이 2, 3을 교환한 후 1로 막아 살게 된다.

그림 8

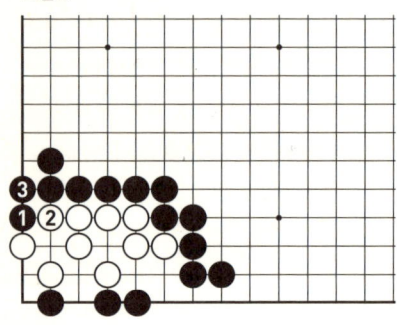

흑 1이 선택할 수 있는 유일한 수. 이 모양에 대해서는 천천히 살펴보도록 하자.

그림 9

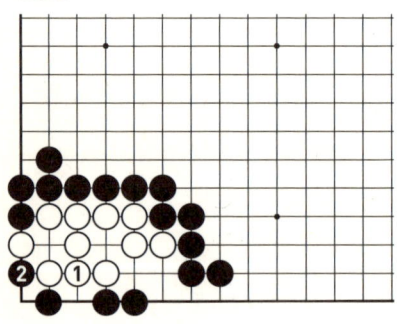

백 1은 가장 쉬운 수. 흑이 2로 먹여 친다면 백이 유리한 이단패가 된다.

그림 10

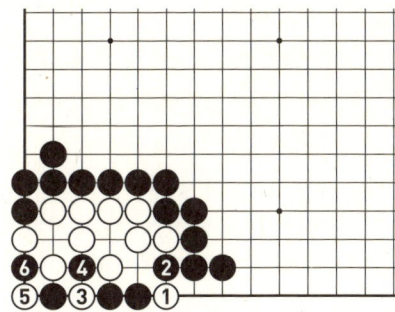

백이 1, 2를 교환한 후 3, 5로 두어 양패라고 생각하기 쉽다. 하지만!

③…⑦

그림 11

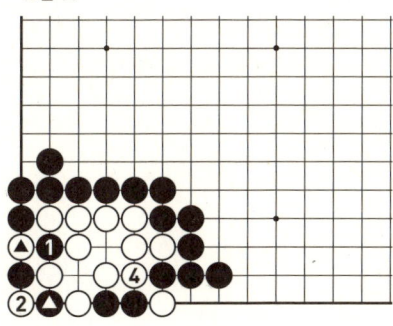

이후 5까지 역시 백이 유리한 이단패의 모습이다. 그림 8의 장면에서 백은 유리한 이단패보다 좋은 결과를 만들 수 없다.

▲…❸
⬟…❺

그림 12

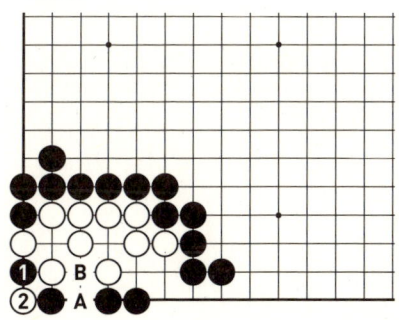

이번엔 흑이 먼저 두었을 때를 생각해보자. 흑 1로 두는 것은 백이 유리한 이단패가 되는 모습이다. 흑이 A, B 교환을 해놓아도 같은 결과이다.

그림 13

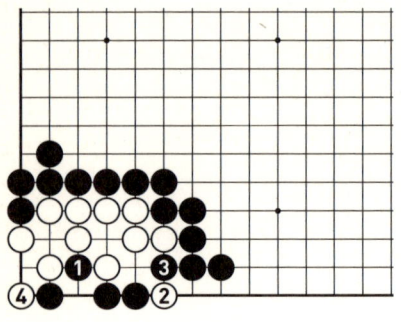

흑 1로 들어가는 수도 백이 2, 4로
두면 그림 11의 결과와 같아진다.
백이 유리한 이단패이다. 그림 8에
서 흑이 먼저 두어도 백이 먼저 두
었을 때보다 좋은 결과를 만들 수
없다. 누가 먼저 두어도 백이 유리
한 이단패가 되는 독특한 모양이다.
이 패의 모양을 설명할 적절한 바둑
용어가 지금으로서는 없다.

그림 14

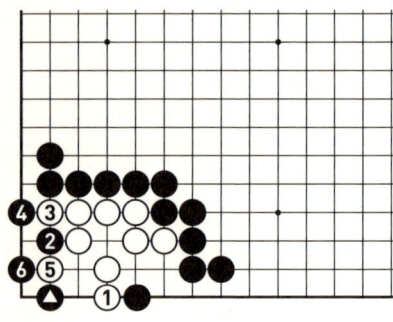

●로 두었을 때 백 1로 막는 것은
흑이 2로 붙여 단패를 만들 수 있
다.

그림 15

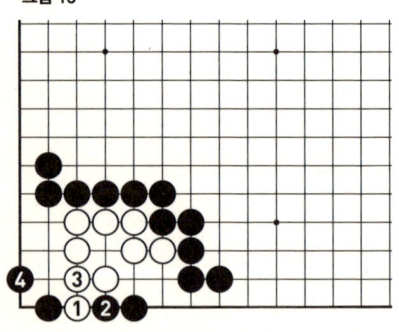

백 1로 두는 수 역시 흑 2로 단수 쳐
서 백이 좋은 결과를 얻을 수 없다.

그림 16

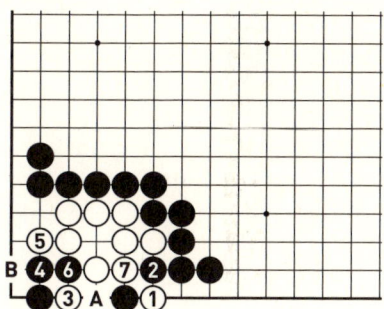

백은 1, 2의 교환으로 전 그림처럼
A로 단수 치는 수를 방비할 수 있
다. 흑이 4, 6으로 두는 것은 백이 7
로 응수하여 살게 된다.

그림 17

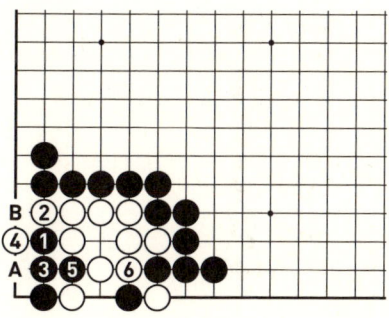

흑 1, 3으로 두는 수 역시 6까지 백
이 살게 된다. 흑은 A, B 교환을 할
시간이 없다. 흑 3으로 B로 두어 넘
는 것은 백이 3으로 단수 쳐서 양
패가 된다.

그림 18

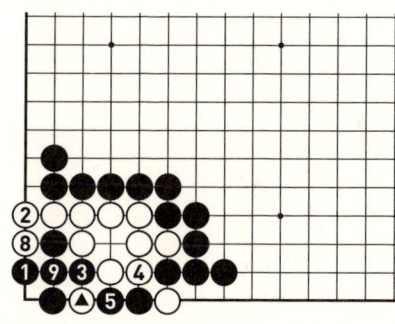

흑 1, 3이 정확한 수순. 흑은 불리
한 한 수 늘어진 패를 만들 수 있다.

⑤ … ⑦

▲ … ⑥

그림 19

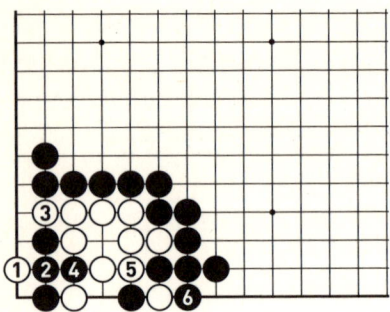

백 1, 3으로 두는 수는 흑 6으로 따내 간단히 잡히게 된다.

그림 20

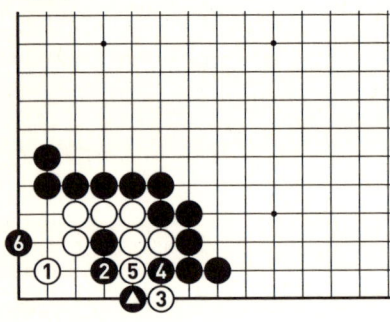

⚫로 두었을 때 다른 응수들을 알아볼 차례. 백 1로 두는 수는 이후 흑 6까지 간단하게 백이 잡히게 된다.

그림 21

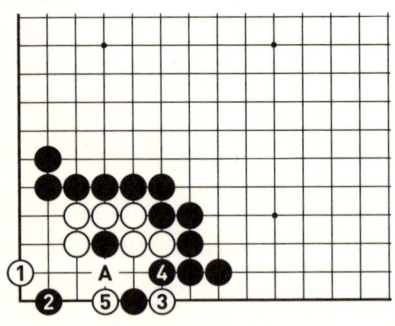

백 1도 까다로운 응수. 흑이 2로 두는 것은 이후 백 5까지 살게 된다. 흑 2로 A에 두는 것 역시 그림 1로 돌아가는 것이기 때문에 생각할 수 없다.

그림 22

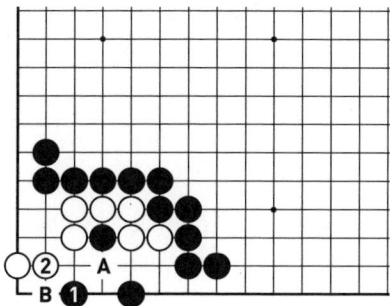

흑 1로 한 칸 뛰는 수도 백 2가 좋은 수로 백이 살게 된다. 흑의 자충 때문에 A 또는 B가 반드시 백의 선수 권리가 된다.

그림 23

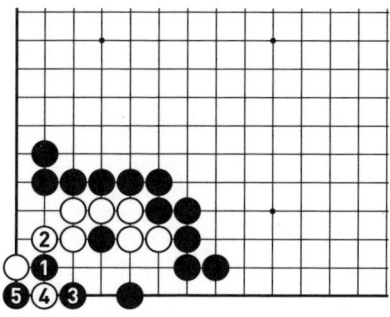

흑 1, 3이 정확한 수순. 이 결과는 단패이므로 흑이 성공한 그림이다.

그림 24

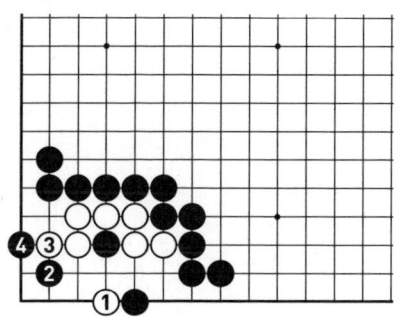

백 1로 붙이는 수는 흑 2, 4로 두어서 역시 백이 좋은 결과를 얻을 수 없다.

그림 25

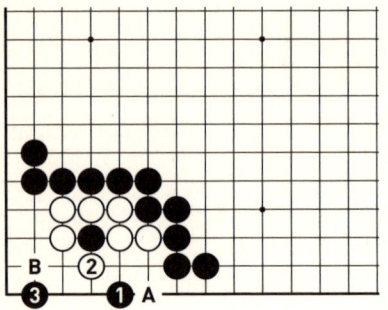

흑 1, 3이 이 문제의 정답이며 백은 A, B 중 하나를 선택할 수 있다. 결국 백이 A를 선택한다면 그림 18의 결과를, B를 선택한다면 그림 8의 결과를 얻게 될 것이다. 두 결과 모두 각각의 장단점이 있기 때문에 어떤 것을 백의 최선이라고 단정하기는 어렵다.

별로 좋아하지 않는 문제

★★★☆☆

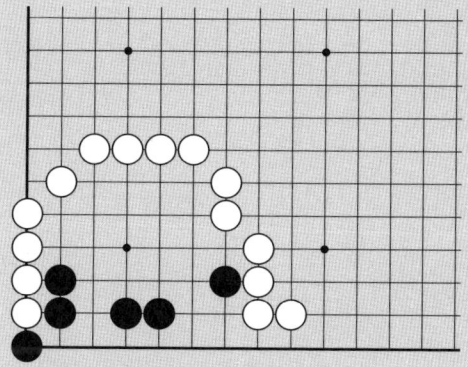

...

이 문제는 오래전에 만들었지만
덩치가 커서 별로 좋아하지 않았던 문제.
이번에 정리하면서 약간의 수정 보완한 문제이다.

그림 1

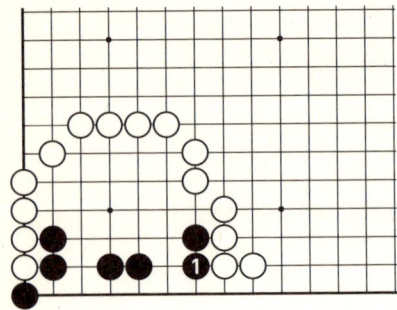

흑 1로 막는 수는 누구나 첫 일감
으로 떠올릴 만한 수다. 흑은 완전
하지는 않지만 대칭에 가까운 모
양을 이루고 있다. 그러므로 백의
공격에 대한 흑의 응수가 반대쪽
에서도 그대로 적용되는 경우가
많을 것이다.

그림 2

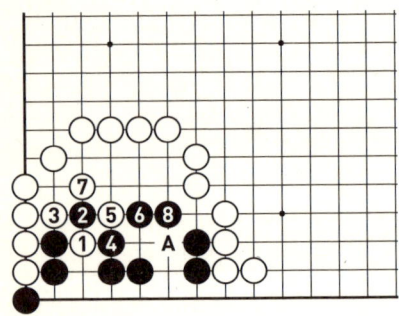

백 1로 붙여가는 것은 강력한 공격
이지만 이후 8까지 흑이 살아가게
된다. 백이 1 대신 A로 붙이는 수
역시 8로 젖혀서 비슷한 모양과 수
순으로 살게 된다.

그림 3

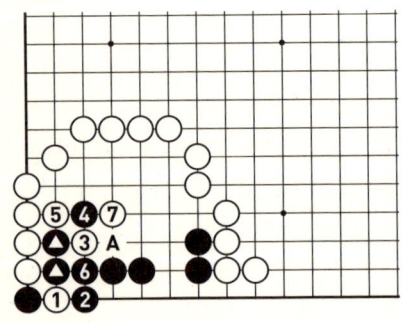

백은 1로 따내는 수를 생각할 수
있다. 이때 흑이 2로 막는 것은 백
3으로 붙여서 흑이 곤란하다. 백 1,
흑 2의 교환으로 인해 ●들이 단수
로 몰리면서 전 그림처럼 흑 6 대
신 A로 단수 칠 수 없다.

그림 4

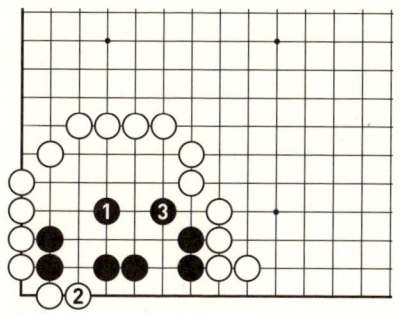

흑 1이 급소. 백이 2로 둔다면 흑 3
으로 궁도를 넓혀서 살 수 있다.

그림 5

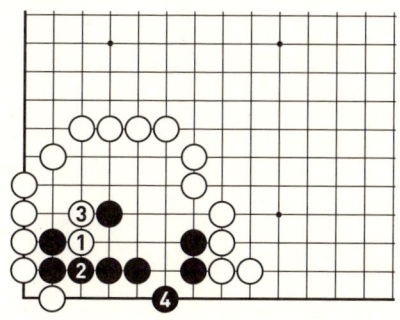

백 1로 붙여서 안형을 없애더라도
흑은 4로 두어서 살 수 있다.

그림 6

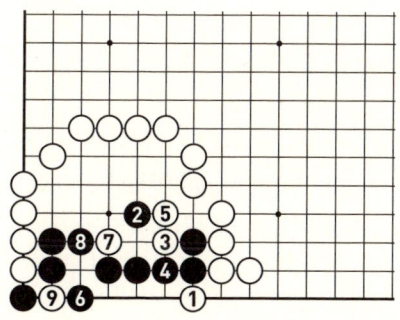

백 1로 반대로 젖혔을 때는 상황이
조금 달라진다. 흑이 전 그림과 비
슷하게 6까지 두는 것은 백 7로 붙
이는 수가 좋은 수로 단패가 된다.
흑은 더 좋은 결과가 있는지 알아
봐야 할 차례이다.

그림 7

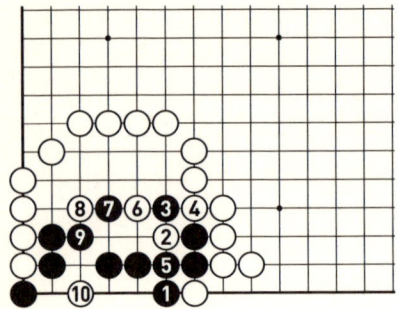

흑 1로 막는 수는 그림 3과 비슷해
진다. 역시 백이 2로 붙여 이후 10
까지 흑이 살 수 없다.

그림 8

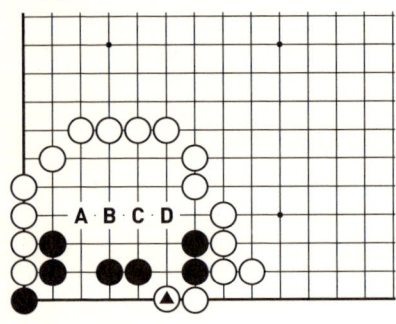

흑이 ▲에 막을 수 없었기 때문에
그 자리에 백 돌이 있다고 가정해
보자. 흑이 두 수로 살기 위해서는
A~D 중에 두 곳을 두어야만 한다.
하지만 A-B, B-C, C-D와 같이 나
란히 붙는 모양은 두 수를 두어도
살지 못하는 조합이다.

그림 9

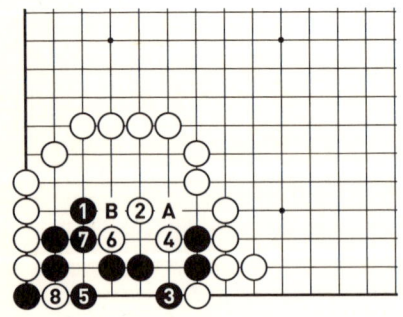

흑이 1로 두면 백 2가 급소가 된다.
흑이 3으로 막아도 백 4로 붙여서
흑이 살 수 없다. 흑이 3 대신 A에
붙여도 백 B로 응수하여 흑이 안
된다. 이전에도 흑이 단패를 만들
수는 있었기 때문에 답이 되기 힘
들며 더 좋은 방법을 찾아야 한다.

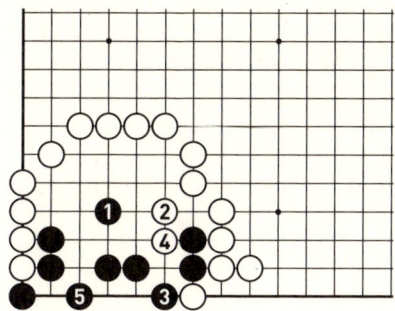

그림 10

흑 1로 둔다면 백이 그림 8에서의 흑 B-D 조합을 만들지 못하도록 백은 2로 두는 것을 생각할 수 있다. 하지만 이것은 흑이 3으로 막아서 살 수 있다. 흑 1, 백 2의 교환이 그림 7과 비교했을 때 큰 이득이 되었다.

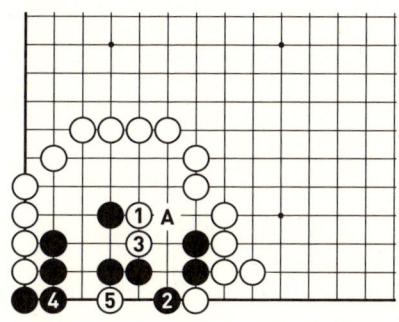

그림 11

백 1이 급소. 이후 백은 2와 3을 맞보기로 해서 흑을 잡을 수 있다. 1의 자리에 백 돌이 오게 되면서 흑이 A로 궁도를 넓히는 수가 의미가 없어졌다.

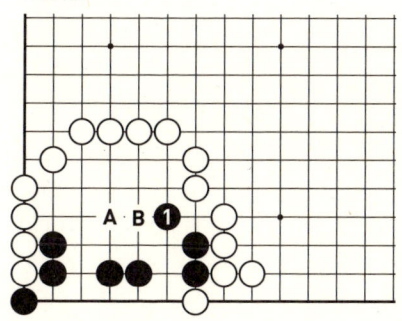

그림 12

흑 1에 대해 알아볼 차례. 흑이 다음에 A로 한 칸 뛰어서 모양을 갖추는 것이 좋기 때문에 백은 이를 방비하기 위해서 A 또는 B에 두어야 한다.

그림 13

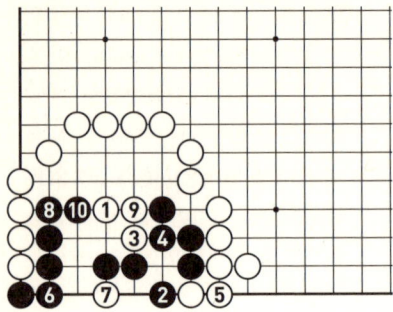

백이 1로 두면 흑은 2로 막게 되고 이후 10까지 외길 수순으로 흑은 살게 된다. 수순 도중에 백에게 다른 선택이 있을 수 없다.

그림 14

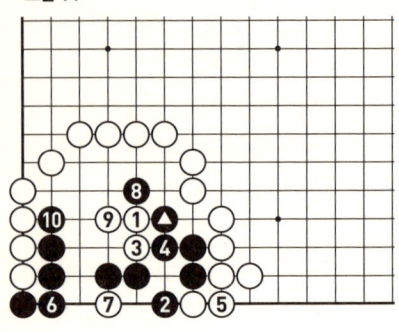

백이 1로 붙여도 흑은 2로 막아야 한다. 백이 3으로 치받는 것은 이후 10까지 전 그림과 비슷한 모양으로 흑이 살 수 있다. 그림 11과 비교한다면 9 자리에 있었던 흑 돌이 ●로 옮겨지면서 사는 수단이 생겼다.

그림 15

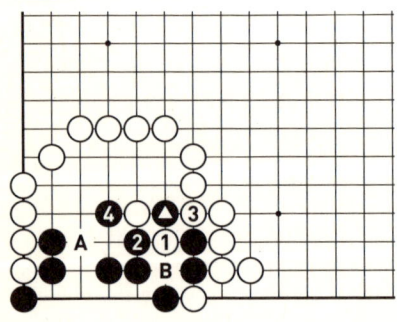

백이 1로 두어오면 흑은 2, 4로 응수하여 A, B를 맞보기로 흑을 살릴 수 있다. ●로 두어서는 이미 살아 있는 모습이라 할 수 있겠다.

그림 16

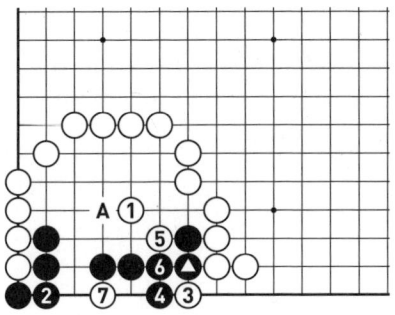

●로 막았을 때 백은 다른 수단을 생각해야 한다. 백 1도 급소. 이때 흑이 A로 붙이는 수는 백이 3으로 젖혀서 그림 11로 돌아가기 때문에 생각할 수 없다. 흑이 2로 궁도를 넓히더라도 백 3, 5로 다시 좁혀 들어와 흑은 살지 못한다.

그림 17

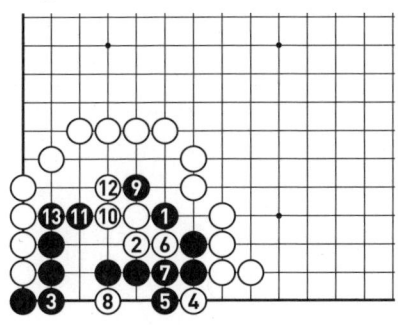

지금도 역시 흑 1의 자리가 급소. 백이 2로 치받는다면 그때 3으로 이어간다. 이후 1, 2의 교환으로 백 돌들이 무거워진 점을 이용하여 흑 13까지 살 수 있다.

그림 18

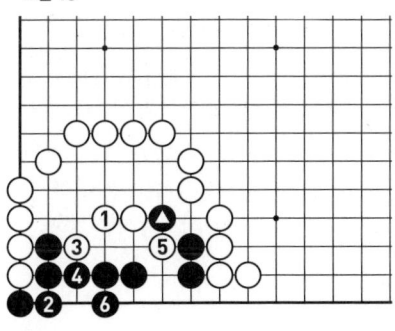

백 1로 두는 것 역시 잘 되지 않으며 흑은 6까지 쉽게 살 수 있다. 백이 1 대신 2로 한 점을 따내도 흑은 1로 붙여서 살게 된다.

그림 19

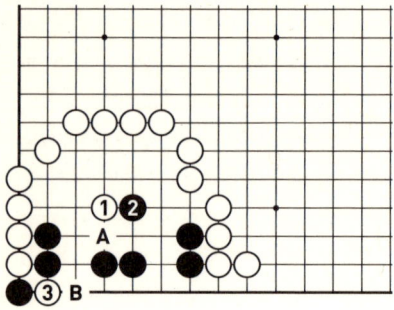

백 1로 두는 것은 어떨까? 흑 2로 붙이는 것은 백이 3으로 따내는데 다음 A, B가 맞보기가 되어 흑이 살지 못한다.

그림 20

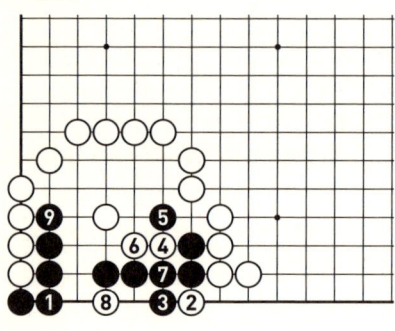

흑 1로 두는 것이 정수. 백이 2, 4로 잡으러 오더라도 이후 흑 9까지 그림 13과 비슷한 모양으로 살 수 있다.

그림 21

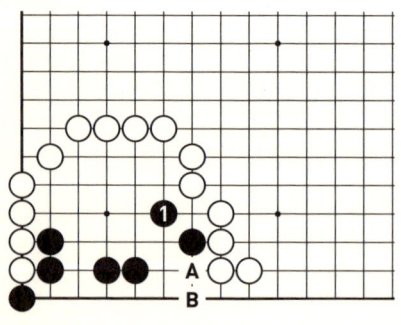

흑 A, 백 B의 교환이 있을 때 흑이 살 수 있는 수는 흑 1밖에 없었다. 흑 A, 백 B의 교환이 흑에게 손해가 될 일은 없을 것이기 때문에 흑이 첫 수로 A 대신 다른 가능성이 있다면 1로 두는 수가 유일할 것이다.

그림 22

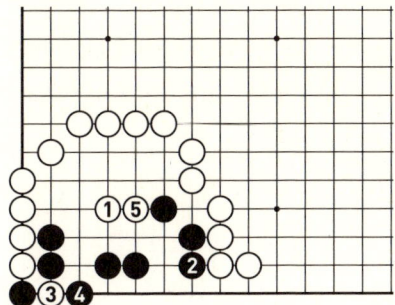

백 1로 두었을 때 흑 2는 절대. 이후 백 5까지 흑은 살지 못한다. 백 3, 흑 4 교환을 할 수 있는 시간이 생기면서 그림 18과 다른 결과가 되었다.

그림 23

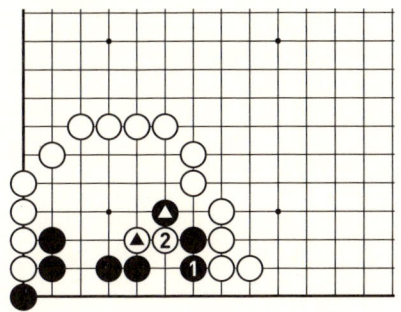

흑은 1로 막는 수가 살 수 있는 유일한 수. 이후 백이 잡으러 가는 과정에서 필연적으로 2의 곳에 백 돌이 올 수밖에 없는데 ●의 교환을 성공하여 백 돌을 무겁게 만들 수 있느냐가 이 문제의 핵심이다. 성공한다면 그림 13, 14, 17, 20 등과 같이 흑을 살릴 수 있다.

1선의 미학

★★★☆☆

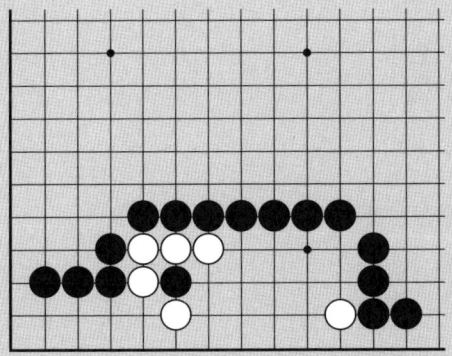

...

그냥 불현듯 떠오른 생각을 놓아본 것이
아무런 수정 없이 그대로 문제가 되었다.
처음에는 생각하지 못했던 백의 응수들이 있었지만
운 좋게 흑에게도 좋은 수들이 숨어 있었다.

그림 1

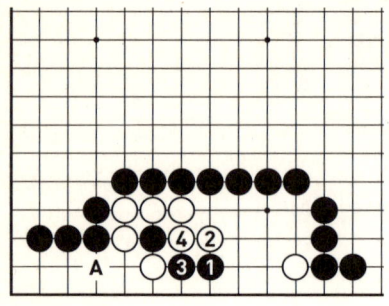

흑 1은 가장 쉽게 생각할 수 있는 수. 하지만 이후 백 4까지 진행되면 백은 A와 흑 두 점을 잡는 수를 맞보기로 살게 된다.

그림 2

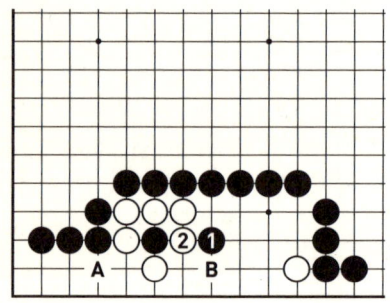

흑 1 역시 백 2로 따내는 순간 A, B가 맞보기로 백이 완벽하게 살아 있는 모습이다. 흑이 오른쪽을 선수로 처리할 수 없기 때문에 오른쪽에서부터 접근하는 것은 잘못된 방법이다.

그림 3

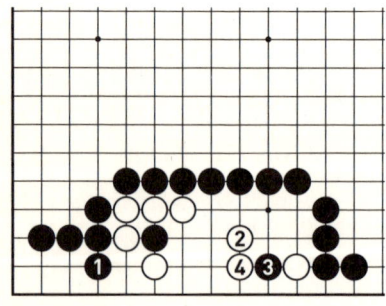

흑 1로 왼쪽에서부터 접근하면 백 2는 절대. 백의 궁도가 넓기 때문에 흑이 3으로 평범하게 두는 수는 4로 막아서 쉽게 안 된다. 흑은 백 모양 안쪽에서 수단을 찾아봐야 한다.

그림 4

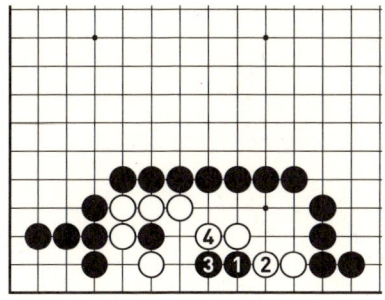

흑 1로 붙인다면 이번엔 백이 바깥쪽에서 2로 응수하게 된다. 이후 백 4까지 진행되면 흑은 두 점을 살릴 방법이 없기 때문에 백은 쉽게 사는 형태이다. 흑 3으로 4에 두어도 백이 3으로 받는다면 전혀 문제가 없다.

그림 5

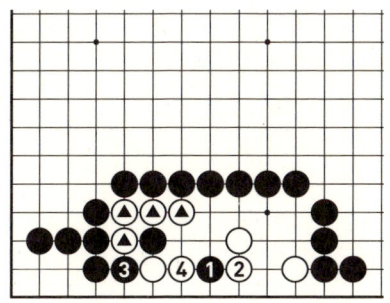

흑 1로 치중 가는 수도 잘 되지 않는다. 백 4 이후 흑은 ▲ 녁 점을 잡을 수는 있지만 백 전체에 영향을 끼치지 못한다. 또한 흑이 3으로 4에 두어도 백이 3으로 받는다면 전혀 문제가 없다.

그림 6

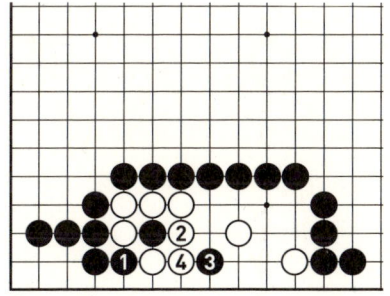

흑 1로 먼저 끊는 교환을 한다면 이번에는 3으로 둘 때 백 4로 받는다. 지금은 백 2의 자리에 돌이 오면서 흑 한 점이 오른쪽으로 살아가지 못한다. 이 그림 역시 백은 흑 3 한 점을 잡고 살아 있는 모습이다.

그림 7

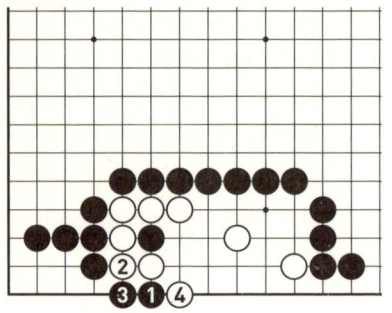

흑 1로 붙이는 수 또한 잘 안 된다. 흑이 첫 수로 오른쪽을 두는 것도, 왼쪽을 두는 것도 모두 백에게 피해를 주지 못했다.

그림 8

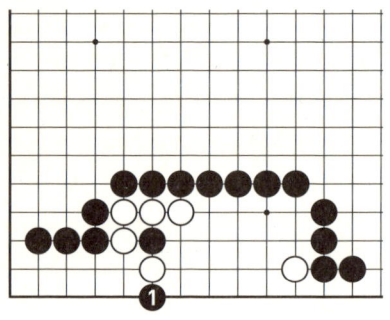

지금은 흑 1로 백의 가운데를 붙여가는 수가 유일한 방법.

그림 9

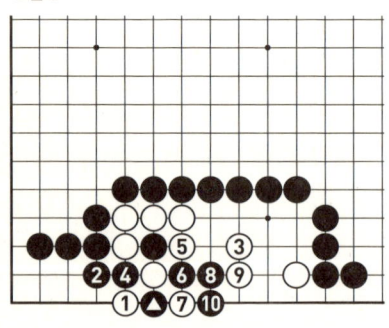

백 1로 받는다면 흑 2로 두어서 흑이 불리한 이단패를 만들 수 있다. ●와 백 1의 교환으로 인해 흑이 4, 6을 모두 둘 수 있게 되었다.

그림 10

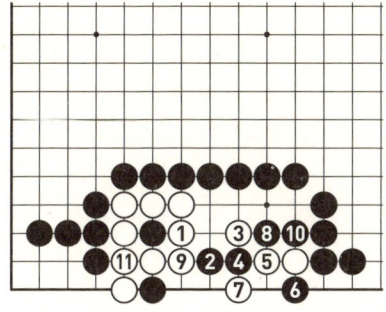

전 그림 백 3으로는 백 1로 따내는 수도 생각할 수 있다. 이때 흑 2는 절대. 백에게 그 자리를 허용하면 다른 어떤 곳에 두 수를 두어도 백이 살아 있기 때문이다. 이후 흑 4, 6으로 잡으러 가는 것은 욕심. 백은 11까지 살아가게 된다.

그림 11

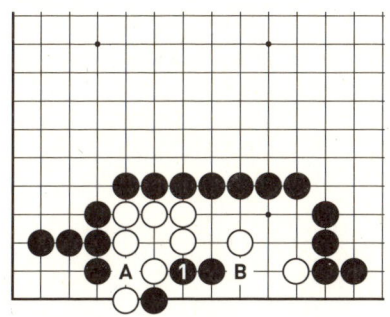

흑이 전 그림 4로는 흑 1로 두어가는 것이 정수. 이후 A, B를 맞보기로 하여 그림 9와 같은 결과를 만들 수 있다.

그림 12

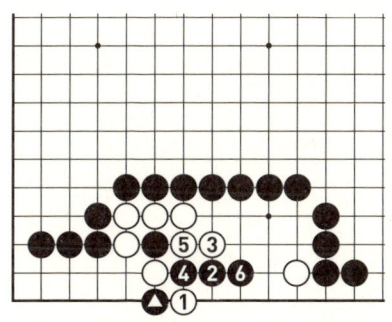

백 1로 반대쪽에서 단수 치는 것은 흑 2로 두어 백이 잡히게 된다. ●와 백 1의 교환이 그림 1과 크게 다른 점이다.

그림 13

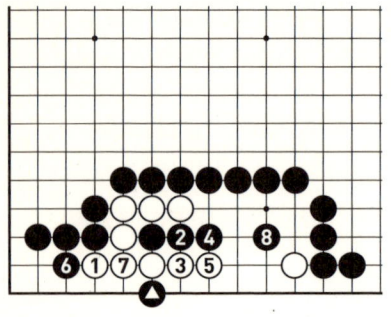

백 1로 젖힌다면 ●로 인해 2로 흑
한 점을 살리는 수가 가능해진다.
이후 흑 6, 8이 침착한 수순으로 백
을 잡을 수 있다. 백 1로 3으로 두
어도 흑이 4로 둔다면 같은 결과가
된다.

그림 14

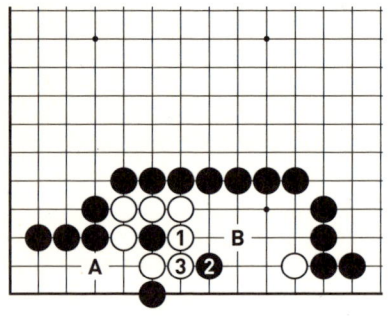

백 1로 따내는 수도 생각할 수 있
다. 이때 흑은 2로 두는 것이 일감
이지만 백 3이 좋은 수로 A, B가 맞
보기가 되어 백은 살아가게 된다.

그림 15

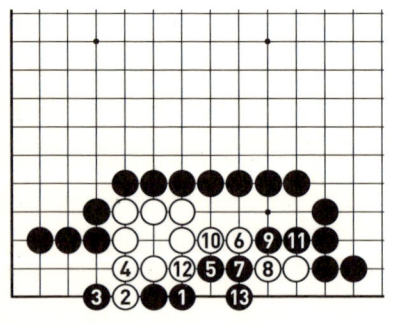

흑 1로 늘어두는 것이 정수. 백이
2, 4로 왼쪽을 받는다면 흑은 13까
지 백을 잡을 수 있다. 흑 1, 백 4의
교환으로 인해 그림 10과는 조건
이 조금 달라졌음을 알 수 있다.

그림 16

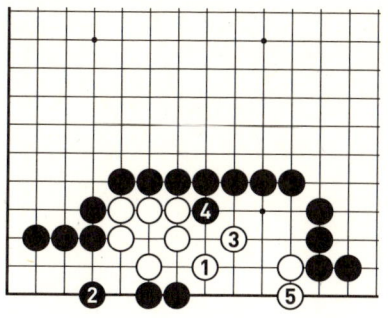

백은 1로 응수할 수 있다. 이때 흑이 평범하게 2로 한 칸 뛰어 연결하는 것은 백 3, 5로 살게 된다.

그림 17

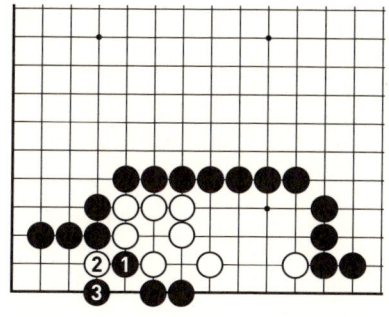

흑은 1로 바로 찝어가는 것이 좋다. 이 그림은 단패가 된 모습이다.

그림 18

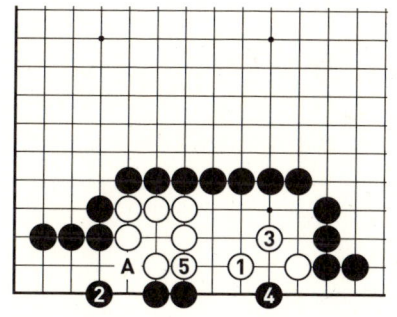

백 1로 한 칸 뛴다면 흑은 전 그림과는 다르게 2로 한 칸 뛰어서 넘는 것이 정수. 이후 흑 4로 치중 가는 것은 성급한 수로 백을 살려주게 된다. 흑이 2 대신 A로 찝는 것 역시 백이 5로 두어 살게 된다.

그림 19

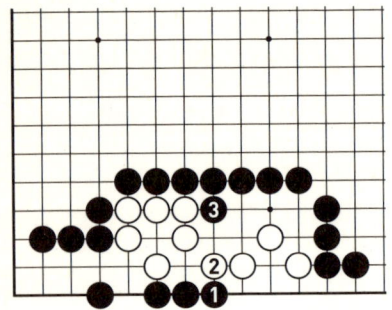

흑 1, 3이 침착한 응수로 백은 오른
쪽에서 한 집을 만들 수 없다.

그림 20

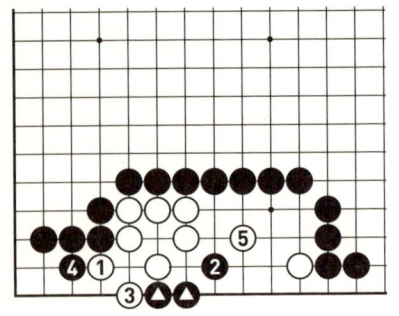

백 1로 젖힐 때 흑 2로 두는 것은
백 3, 5로 살게 된다. 그림 15와 비
교했을 때 ● 두 점의 가치가 커져
서 흑이 곤란해졌다. 흑이 2 대신 3
으로 두는 것도 백이 2로 두어 살
게 된다.

그림 21

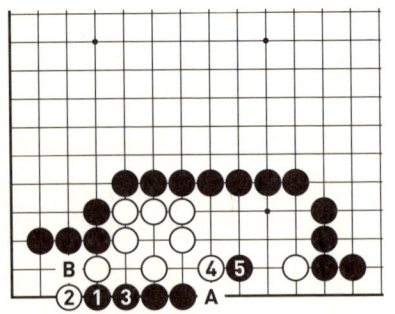

따라서 흑 1은 절대. 이후 백 2, 4로
둔다면 흑 5로 붙여 A, B를 맞보기
로 백을 잡을 수 있다. 흑 5로 B에
두는 것은 그림 16과 비슷한 모양
으로 백이 살게 되므로 조심해야
한다.

그림 22

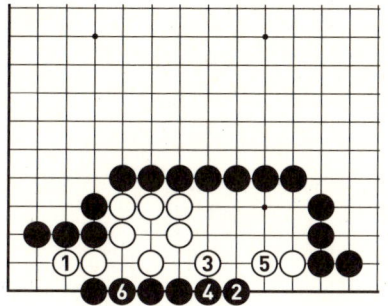

백 1로 나가는 것은 이후 흑 2~6
의 수순으로 백이 쉽게 안 되는 것
으로 생각하기 쉽다. 하지만!

그림 23

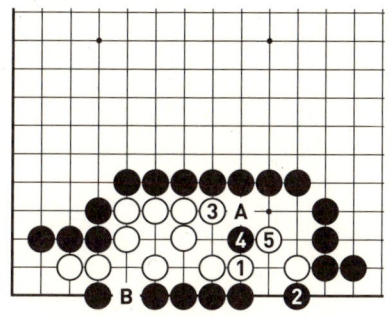

전 그림 5로는 백 1, 3이 좋은 수로
이후 A, B를 맞보기로 하여 백이 패
를 피해서 그냥 살게 된다.

그림 24

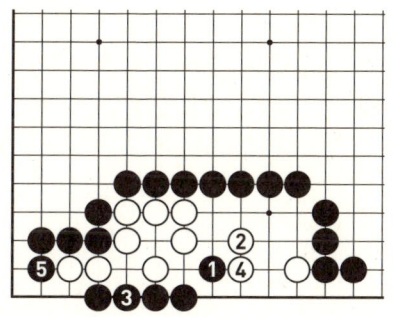

따라서 흑 1은 절대. 이후 백이 3으
로 두어서 흑을 조여 붙이는 수단
이 있기 때문에 흑 3으로 지켜두는
것 역시 필수. 이때 백이 4로 막는
다면 흑 5로 간단히 잡히게 된다.

그림 25

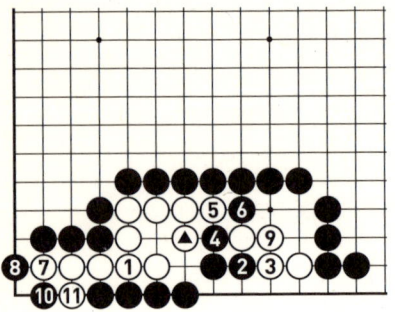

따라서 백은 1로 잇지 않을 수 없고 이후 백 11까지 외길 수순으로 단패가 된다. 수순 도중 백이 7, 8 교환을 하지 않는다면 자충으로 잡히게 된다. ⓐ로 따내는 것이 가장 어려운 버팀이었으나 그림 9의 결과보다 좋은 결과를 만들지 못했기 때문에 그림 9가 쌍방 최선이며 이 문제의 정답이라 할 수 있겠다.

사활은 타이밍!

★★★★☆

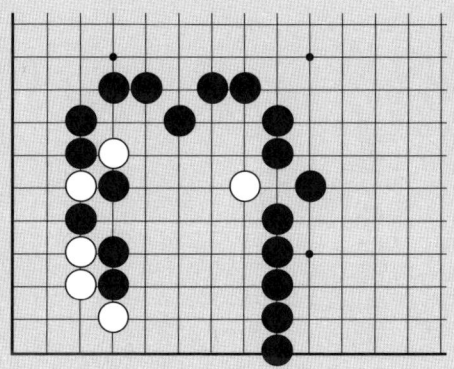

...

이 문제 또한 덩치가 커서 별로 좋아하지 않는 문제.
덩치는 크지만 처음 몇 수는 외길 수순이라
충분히 수읽기를 할 수 있다.

그림 1

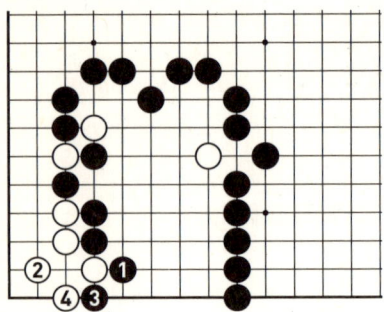

흑 1로 막는 수는 이후 4까지 이 모양의 기본 사활 수순으로 단패가 되며 이 결과는 물론 정답이 아니다.

그림 2

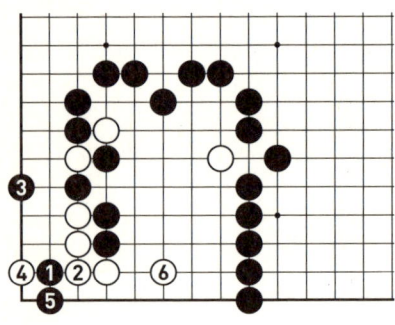

흑 1, 3이 백 모양을 잡으러 가는 기본 수법. 이어서 백 4 또한 기본 응수법이며 이후 6까지는 외길 수순이다.

그림 3

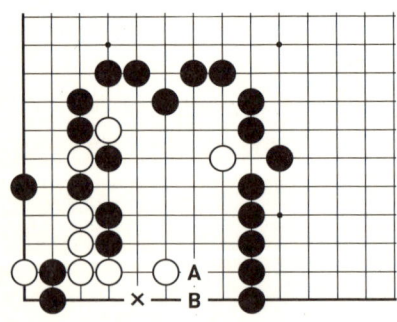

흑은 ✕ 자리까지 침투하거나 백 모양을 선수로 좁혀야만 한다. 그러기 위해서 생각할 수 있는 수는 A, B, ✕ 세 가지 정도이다.

그림 4

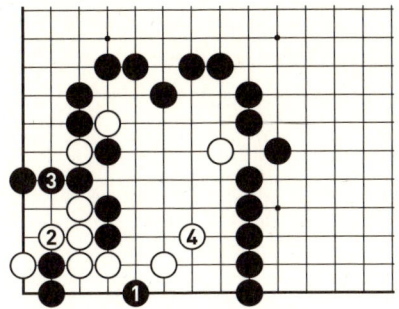

흑 1로 두는 것은 백 2를 선수하고 4로 두어 흑 한 점이 살아가지 못하기 때문에 실패이다. 백 2는 언제든지 백의 선수 권리이다.

그림 5

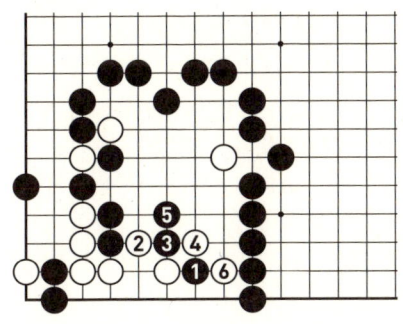

흑 1로 두는 수 또한 이후 6까지 백의 궁도를 좁히는 데 실패했다.

그림 6

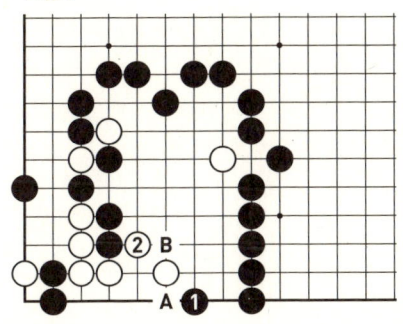

흑 1로 두었을 때 백 2는 절대. 이후 흑은 A, B 두 가지를 생각할 수 있다.

155

그림 7

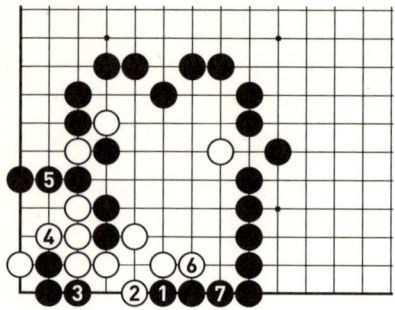

흑 1로 둔다면 이후 7까지는 외길 수순.

그림 8

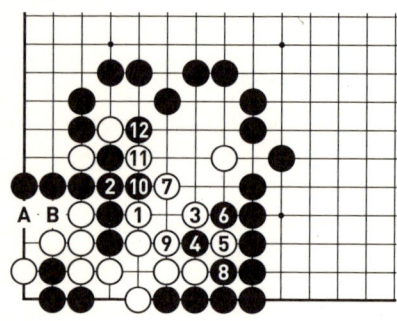

백이 1, 3으로 쉽게 모양을 갖추려 하는 것은 중앙에서 한 집을 만들 수 없다. 흑이 주의할 점은 A, B가 언제든지 선수이기 때문에 자충을 주의하면서 잡으러 가야 한다는 점이다.

그림 9

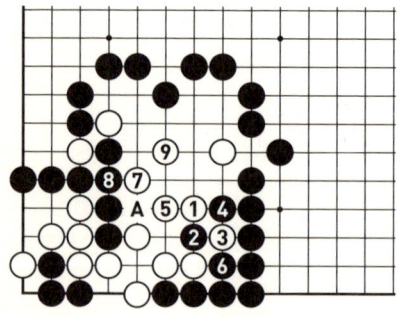

백은 A로 단수 치지 않고 그냥 백 1로 두는 것이 정수. 이후 9까지 외 길 수순으로 백은 중앙에서 한 집 을 확보하며 살게 된다.

그림 10

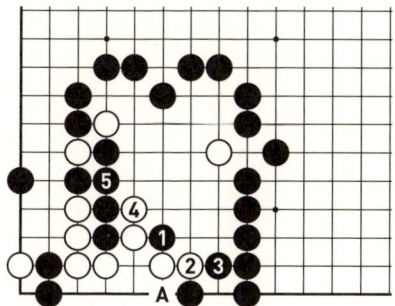

흑은 A로 밀고 들어가는 수가 안
되기 때문에 흑 1로 둘 수밖에 없
다. 이후 흑 5까지는 외길 수순. 백
도 평범한 수단으로는 중앙에서
한 집 만들기가 쉽지 않다.

그림 11

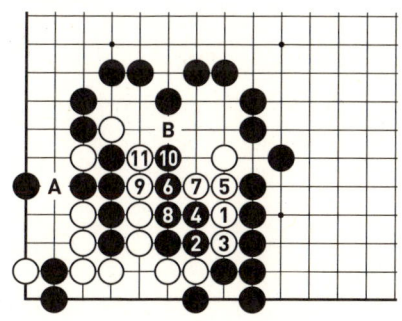

하지만 백 1이 좋은 수. 이후 11까
지 A, B가 맞보기가 되어서 흑은 곤
란하다.

그림 12

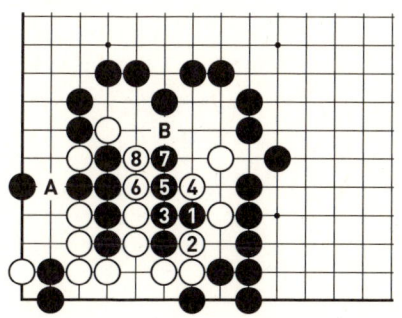

흑 1로 붙여 나오는 수 역시 A, B가
맞보기로 흑의 실패이다.

그림 13

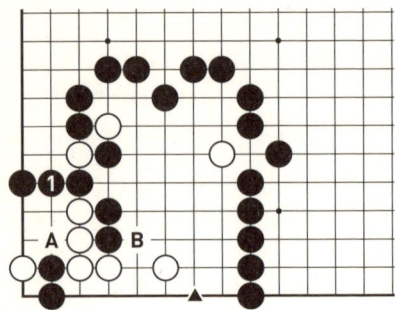

핵심은 이것이다. ●를 두기 전에 1 자리에 두어 흑의 약점을 먼저 보완해야 한다는 것이다. 백에게는 이제 A, B 두 가지 선택이 있다.

그림 14

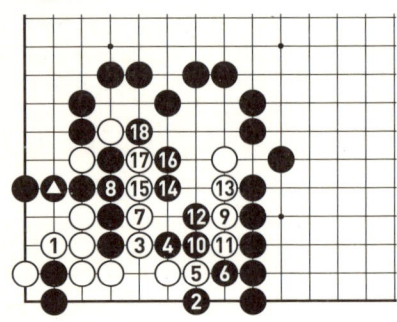

백 1로 두는 것은 이후 흑 18까지 진행되었을 때 ●와 백 1의 교환으로 인해 흑의 약점이 없어진 것을 알 수 있다.

그림 15

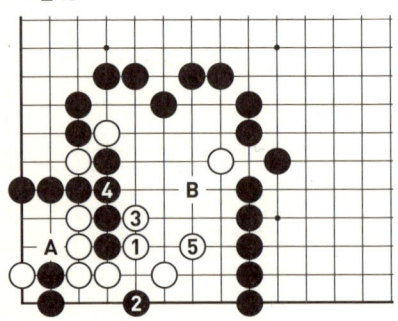

따라서 백 1은 어쩔 수 없는 선택. 흑 2로 치중 가는 수는 백 3, 5로 두어 A, B가 맞보기로 백이 쉽게 산다.

그림 16

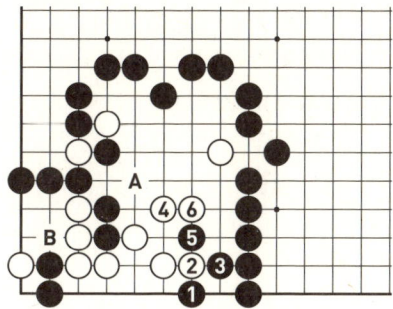

지금도 흑은 1, 3으로 두는 수를 생각할 수 있다. 하지만 백이 4, 6으로 응수하여 역시 A, B를 맞보기로 살아가게 된다.

그림 17

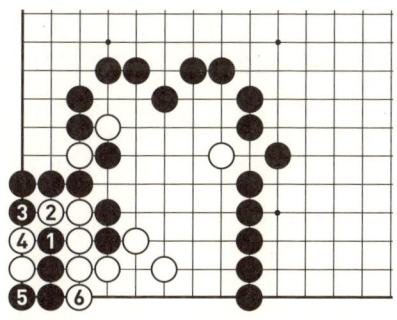

흑은 일단 1로 나가야 한다. 하지만 두 점에 너무 집착하는 것은 이후 6까지 백은 살게 된다.

그림 18

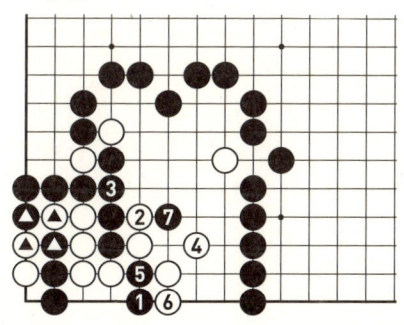

전 그림 5로는 지금처럼 흑 1로 치중을 해야 한다. 이 모양은 흑이 ●의 교환으로 인해 그림 15와는 달리 귀를 흑이 선수로 처리할 수 있다. 이 그림은 백이 잡힌 모습이다.

그림 19

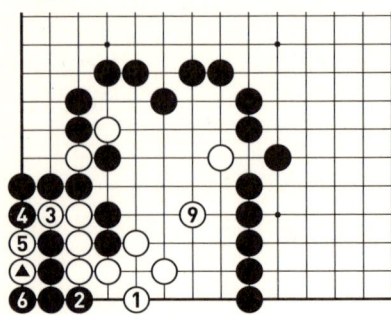

백 1로 둔다면 8까지는 외길 수순.
이후 백은 9로 두는 것이 흑에게
가장 까다로운 수이다.

⑤…⑦
▲…❽

그림 20

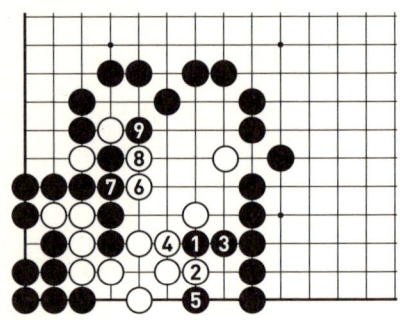

흑 1은 절대. 이후 흑 3, 백 4의 교
환을 선수로 할 수 있는 점이 그림
9, 그림 16과 다른 점이고, 그 이유
때문에 백은 중앙에서 한 집을 만
들 수 없다.

그림 21

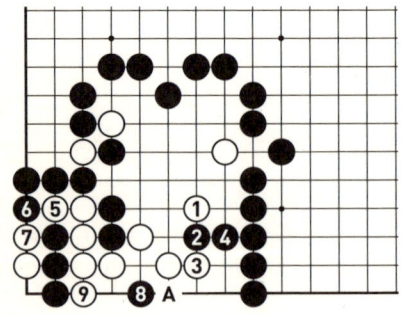

백이 아무 교환도 하지 않고 1로
두어가는 수도 어렵다. 흑이 전 그
림과 똑같이 2, 4로 두는 것은 이후
9까지 백이 살게 된다. 백 1~4의
교환으로 인해 A로 넘는 수가 없어
진 것이다.

그림 22

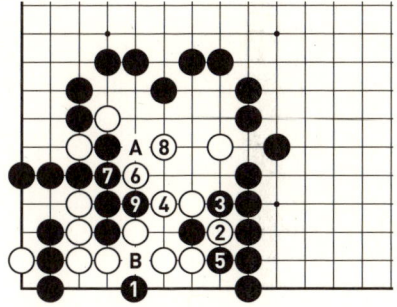

전 그림 흑 4로는 지금처럼 흑1로 치중하는 수가 정수. 백이 한 집을 더 만들기 위해서는 2~8의 수순을 밟아야 하지만 흑은 9로 두어서 A, B를 맞보기로 백을 잡을 수 있다. 그림 9, 그림 16과는 다르게 B의 약점이 남아 있다. 이처럼 백을 그냥 잡는 것이 이 문제의 정답이다.

억지는 아니야!

★★★★☆

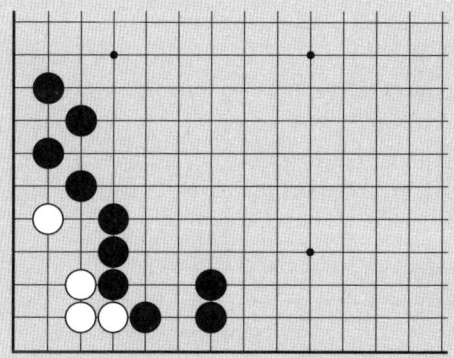

...

실전에서도 충분히 나올 만한 모양.
당연히 살아 있는 모양이라고 생각하기 쉽지만
흑이 집요하게 추궁을 한다면 수를 낼 수 있다.

그림 1

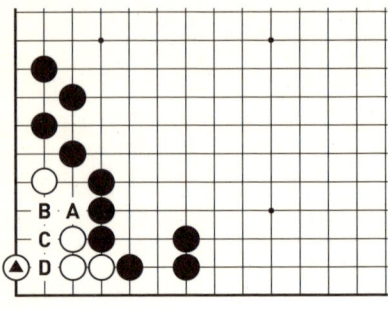

⊕가 있다고 생각해보자. 이때 흑이 두 수를 두어서 패 이상 만들 수 있는 조합은 A-B, C-D뿐이다. 하지만 첫 수로 A, B, C, D 모두 쉽게 안 되기 때문에 흑이 생각할 수 있는 첫 수는 ▲밖에 없다는 것을 알 수 있다.

그림 2

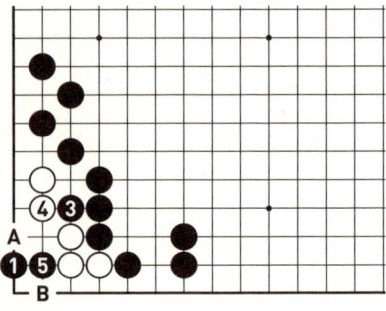

백의 입장에서 생각해보자. 흑 1로 둔 다음 3, 5로 두어졌다고 생각해보자. 3, 4의 교환은 절대 선수이다. 백이 두 수를 두어서 살 수 있는 수단은 A-B가 유일하다. 따라서 흑 1로 치중 갔을 때 백의 수는 A, B, 3, 4, 5. 그중 B, 4의 자리는 백이 쉽게 안 되기 때문에 A, 3, 5의 세 가지를 생각해보도록 한다

그림 3

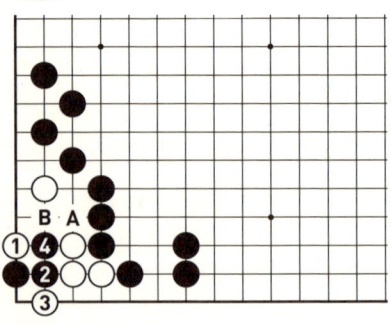

먼저 백이 1, 3으로 두면 흑이 2, 4로 두게 된다. 전 그림과는 달리 A, B 교환이 없기 때문에 백이 살 수 없는 것을 확인할 수 있다. 백은 1을 다시 생각해야 한다.

그림 4

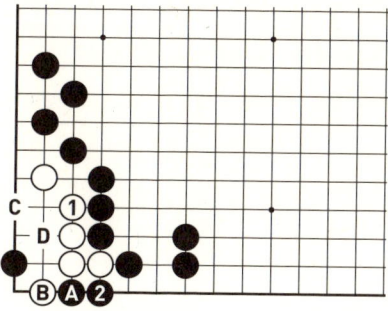

백 1로 넓히는 수에 대해 알아보도록 하자. 이때 흑 2를 제외한 다른 수들은 백이 쉽게 살기 때문에 흑 2는 필연. 이후 흑 A, 백 B의 교환이 절대 선수인 점을 감안한다면 백이 다음 수로 생각할 만한 수는 C, D, A 세 곳 정도이다.

그림 5

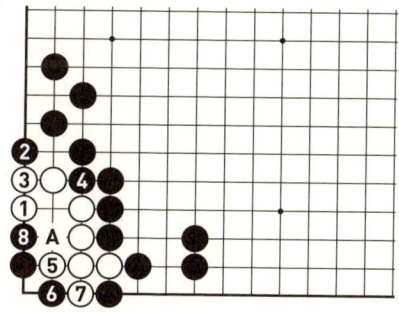

먼저 백 1로 호구 치는 수는 흑 2, 4로 두어서 패가 된다. 전 그림 A, B의 교환이 절대 선수이기 때문에 백 3도 어쩔 수 없는 선택이다. 백 5로 A에 두는 것은 흑 6으로 되지 않는다. 백은 1로 다른 수를 생각해야 한다.

그림 6

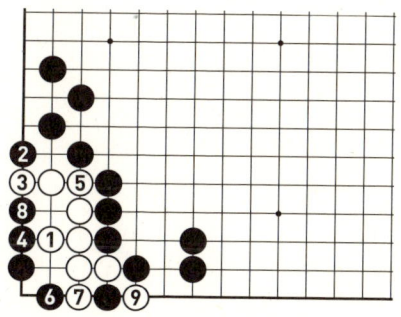

백 1로 두는 것은 어떨까? 흑 2, 4는 전 그림과 비슷한 공격 방법이지만 지금은 백 5로 두어서 전 그림과는 궁도가 달라진다. 이것은 백이 살아 있는 모습이다.

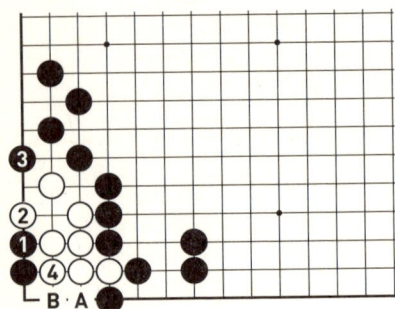

그림 7

전 그림 흑 2로 지금처럼 먼저 1로 두어가는 수는 백 2, 4로 살게 된다. 흑이 A, B 교환을 결행할 타이밍이 여의치 않다.

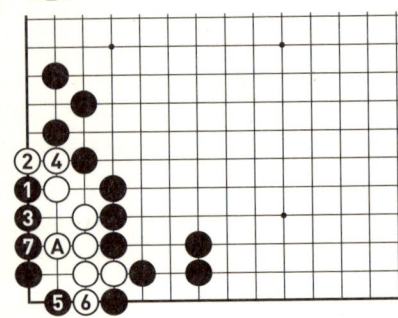

그림 8

흑 1이 지금 모양에서 최선의 수. 그림 6과는 다르게 백의 바깥 모양이 한 수 차이가 나면서 패가 된 것을 알 수 있다. 백은 A로 다른 수를 생각해봐야 한다.

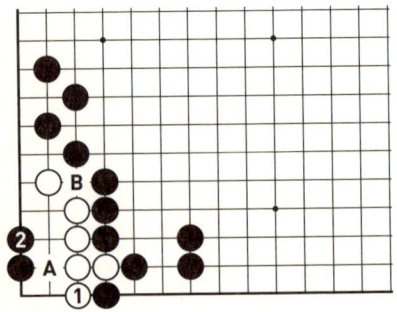

그림 9

백 1로 막는 수에 대해서 알아볼 차례이다. 이때 흑 2를 제외한 다른 수는 쉽게 백이 살게 된다. 이후 다음 수로 백이 생각할 만한 수는 A, B가 있다.

그림 10

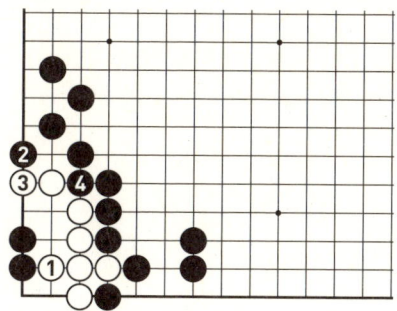

백 1로 치받는 수는 흑 2, 4로 두어서 쉽게 패를 만들 수 있다. 백으로서는 만족스럽지 못하다.

그림 11

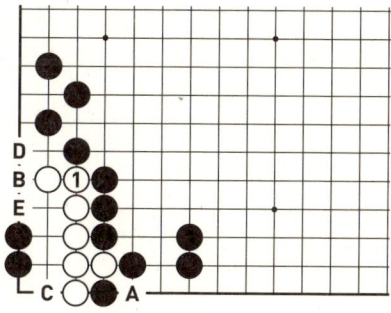

백 1로 넓히는 수를 알아볼 차례. 이후 흑이 생각할 만한 수는 A, B, C가 있다. D, E는 백이 B로 막아서 그림 6과 비슷한 모양으로 백이 살게 된다.

그림 12

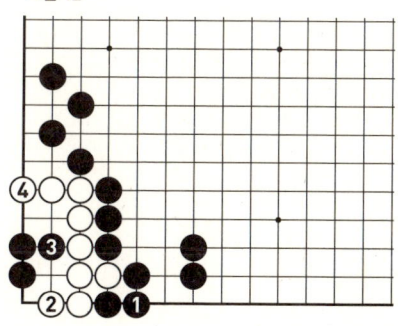

흑 1로 이었을 때 백 2는 패 모양을 없애는 급소로, 이후 4까지 쉽게 사는 것처럼 보인다. 하지만!

그림 13

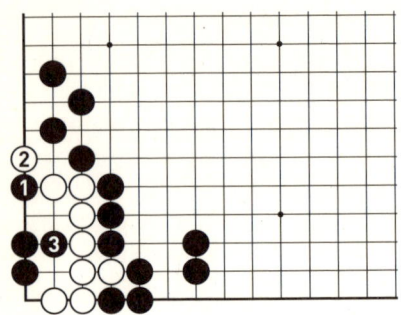

흑 1, 3이 좋은 수순으로 패가 된다.

그림 14

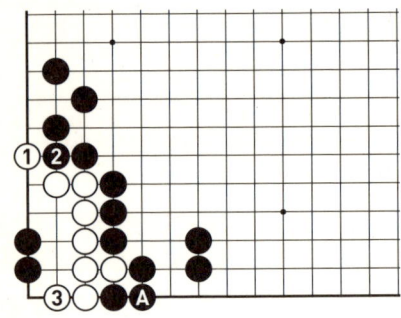

그러나 백도 1, 3이 좋은 수순으로
패를 피해서 살 수 있다. 흑은 A로
다른 수를 생각해야 한다.

그림 15

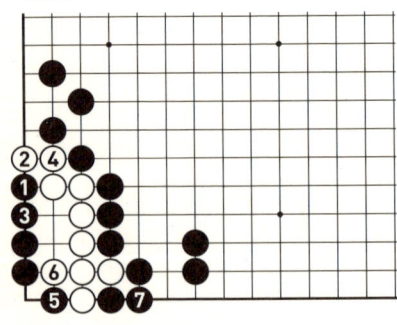

흑 1로 두는 수를 생각할 차례. 이
후 7까지 흑은 패를 만드는 데 성
공했다.

그림 16

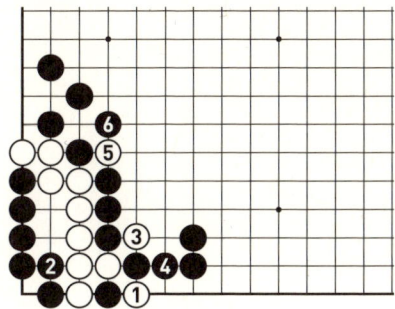

전 그림 6으로는 백 1로 따내서 바깥쪽을 노릴 수도 있지만 이것 역시 6까지 패를 피할 수 없다.

그림 17

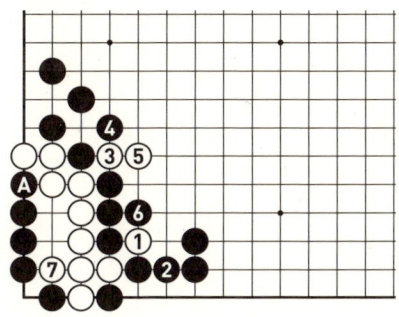

백으로서는 1로 먼저 끊는 것이 정확한 수순. 이후 7까지 백은 양패로 살 수 있다. 결국 흑 A도 잘 되지 않으며 다른 수를 생각해야 한다.

그림 18

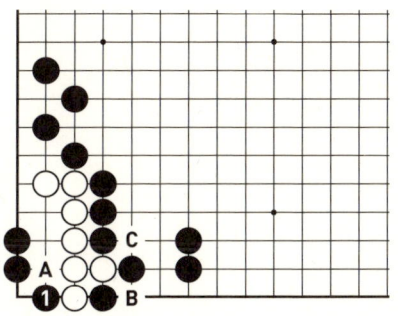

흑 1로 붙이는 수에 대해 생각할 차례. 백이 A, B 등으로 응수하는 것은 그림 15, 16처럼 될 수 있기 때문에 C로 끊는 수에 대해서만 생각하기로 한다.

그림 19

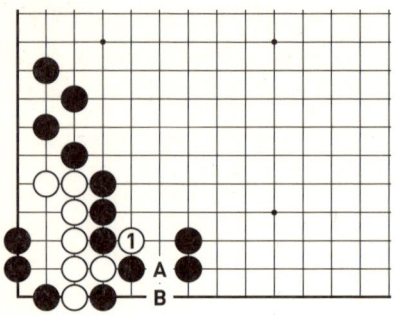

백 1로 끊었을 때 흑이 생각할 만한 응수는 A, B가 있다.

그림 20

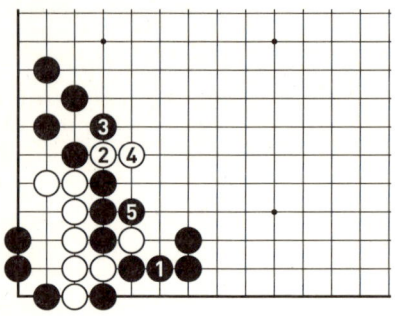

흑 1로 잇는다면 이후 5까지는 필연 수순.

그림 21

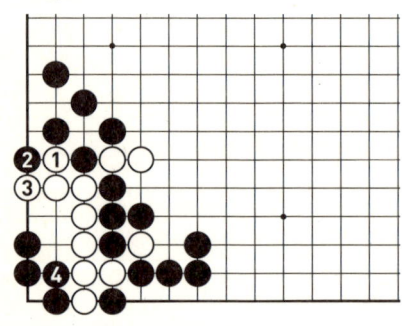

백 1로 단수 치는 수는 흑 4까지 패가 된다.

그림 22

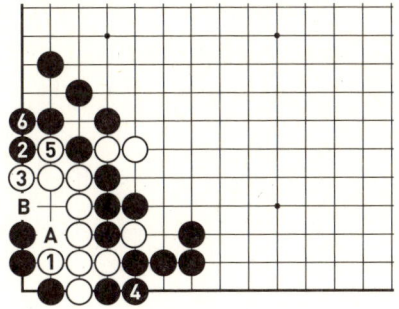

백 1로 단수 치는 수 또한 이후 6까지 패가 된다. 얼핏 양패처럼 보이지만 백이 A, B 교환을 할 시간이 없다는 점에 주의해야 한다.

그림 23

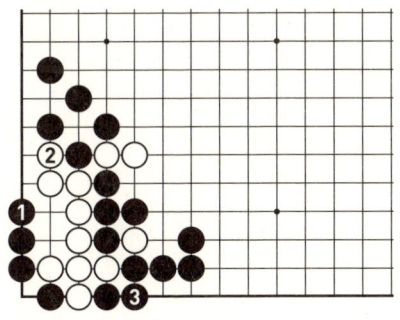

흑 1, 3으로 두어도 패를 만들 수 있지만 전 그림보다 흑이 조금 미흡한 결과이다.

그림 24

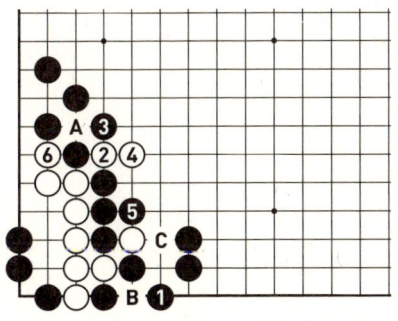

흑 1로 두는 수도 생각할 수 있지만 이후 6까지 진행된 이후 A의 패 때문에 B, C 교환이 양패로 작용하여 백의 권리가 된다. 따라서 이 그림은 백이 양패로 살게 된다.

그림 25

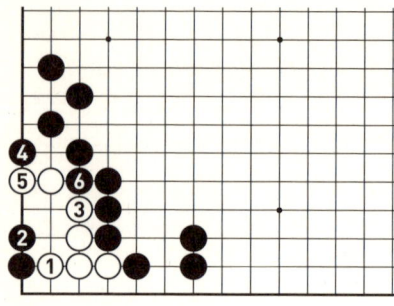

처음으로 돌아가 백이 두 번째 수로 1로 받는 것은 흑 2~6까지 10번 그림과 같은 결과가 된다.

그림 26

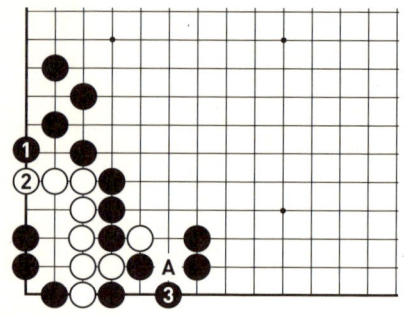

그림 19의 장면에서 흑 1로 두는 수도 불가능하지는 않다. 이때 백이 A의 곳에 두어 흑 두 점을 잡는 것은 변화도 워낙 길고 복잡하며, 백 2로 막아도 정답과 비슷한 결과이기 때문에 생략하기로 한다.

그림 27

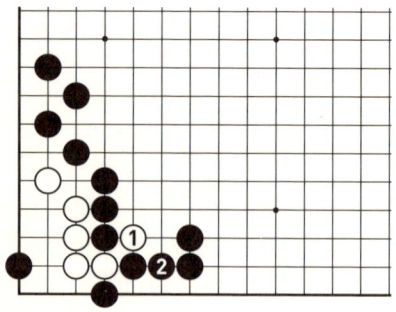

그림 4의 장면에서 1로 먼저 끊는 수도 생각할 수 있지만 2로 받아 두어도 크게 달라지는 점은 없다.

그림 28

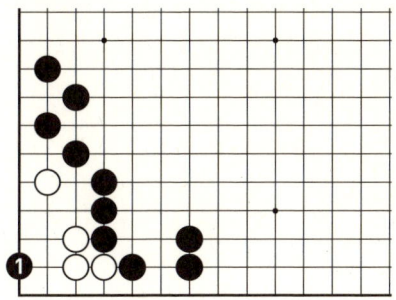

결론. 이 문제에서 흑 1이 유일하게 패를 만들 수 있는 수이며 이후 백의 여러 가지 응수와 그에 따른 다양한 성질의 패가 있다. 그 대부분은 그 패를 표현할 정확한 용어도 지금으로서는 없다고 할 수 있다. 그중 어떤 것을 최선이라고 말하기는 어려우나 22번 그림이 백의 입장에서도 최선에 가깝다고 할 수 있을 것이다.

실전에서 충분히 나올 수 있는 모양

★★★★☆

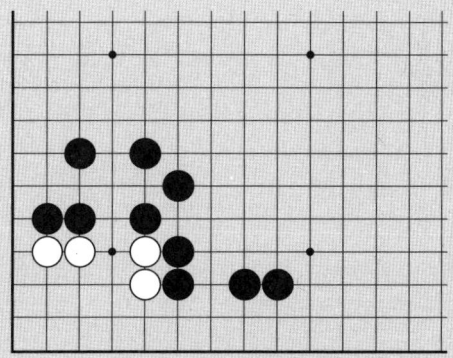

...

이 문제도 실전에서 나올 법한 모양.
보기보다 상당히 많은 변화가 있고,
그 영향이 중앙까지 미치게 된다.

그림 1

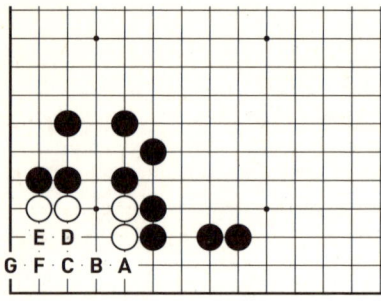

어디서부터 손을 대야 할지 막막하지만 하나씩 풀어나가면 될 것이다. A~G까지 모두 첫 수로 둘 수 있을 법한 수들이다.

그림 2

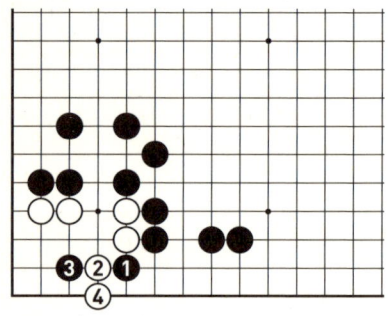

먼저 흑 1로 젖혀서 궁도를 좁히는 수는 쉽게 안 된다. 백의 궁도가 상당히 넓기 때문에 어설프게 궁도를 좁히기보다 백 모양 안쪽에서 수단을 찾아봐야 할 것이다.

그림 3

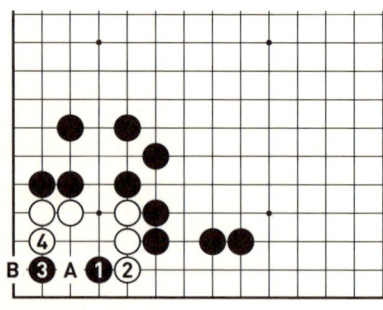

흑 1, 3 역시 백이 4로 치받아서 쉽게 안 된다. A, B가 맞보기인 모양으로 흑이 패를 만들기도 쉽지 않은 모습이다.

그림 4

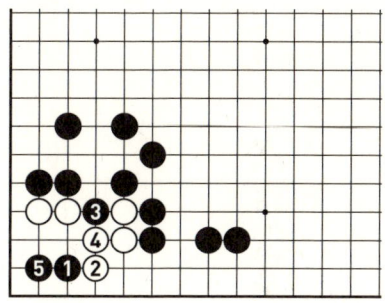

흑 1로 치중가면 백은 2로 붙이게
된다. 이때 흑 5가 급소이지만 그
냥 둔다면 백이 3으로 이어서 흑이
곤란해진다. 따라서 흑 3, 백 4 교
환을 한 뒤 5로 두어야 한다.

그림 5

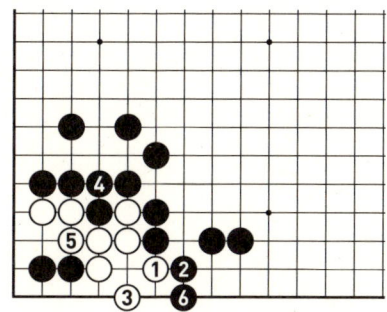

백은 1, 3으로 한 집을 내면 흑이
패를 만들 수는 있지만 미흡한 결
과이다.

그림 6

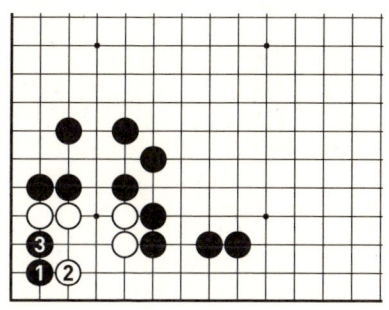

흑 1로 치중 갈 때 백이 2로 붙이
는 것은 흑 3으로 쉽게 잡힌다. 백은
2로 다른 응수를 생각해야 하며 그
때 흑이 2로 두는 것에 대한 선택을
결정할 수 있기 때문에 지금처럼
치중 가는 것이 최소한 전 그림보
다는 유리하다고 할 수 있겠다.

그림 7

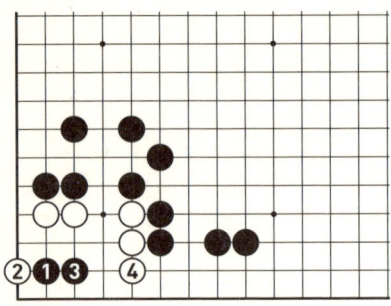

흑 1로 치중 간다면 백 2가 급소. 이후 흑이 3으로 두면 백 4로 응수 하여 흑이 어려워진다. 이후 흑이 최선을 다한다면 단패를 만들 수 있지만, 그것 역시 흑으로선 미흡 한 결과라고 할 수 있다.

그림 8

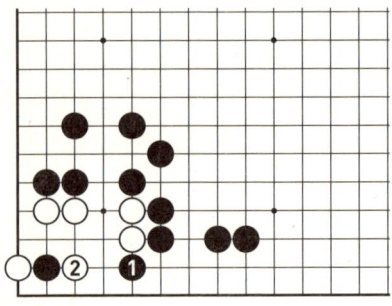

흑 1로 젖히는 수 역시 백 2로 붙여 서 쉽게 안 된다.

그림 9

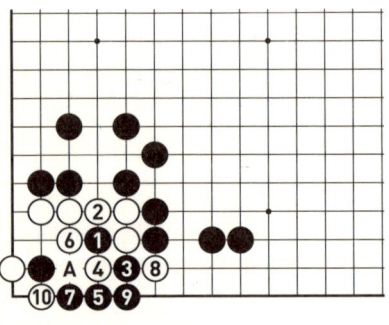

흑 1로 붙이는 수도 생각할 수 있 지만 이후 백 10까지 역시 잘 되지 않는다. 이 그림은 단패의 모습으 로 흑이 A로 이어도 양패가 아닌 점에 주의해야 한다.

그림 10

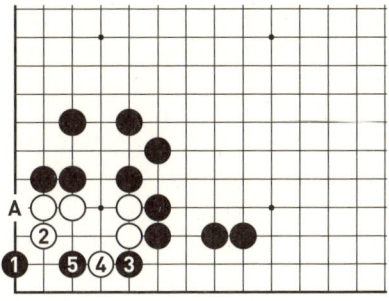

흑 1로 치중 가는 것이 급소. A로 넘어가는 수를 방비하기 위해 백 2로 차단한다면 이때 흑은 3, 5로 둔다.

그림 11

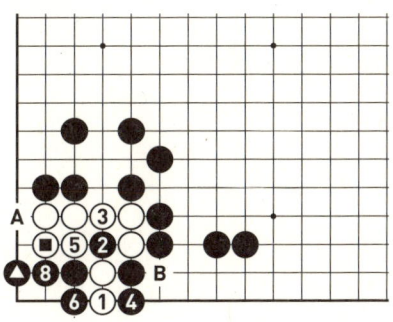

백이 1로 늘어서 차단한다면 이후 흑 8까지 A, B를 맞보기로 백을 잡을 수 있다. 첫 수로 두었던 ●와 ■의 교환으로 인해 A로 넘어가는 수가 생겼다.

❷ … ⑦

그림 12

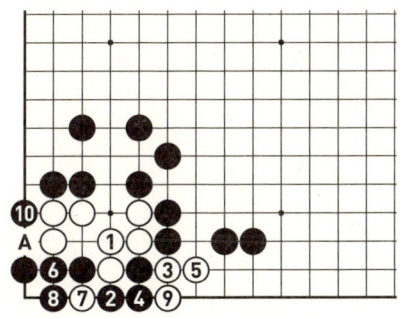

백이 1로 위쪽을 이어간다면 흑은 이후 10까지 백을 잡을 수 있다. 백은 자충 때문에 A에 끊을 수 없다.

그림 13

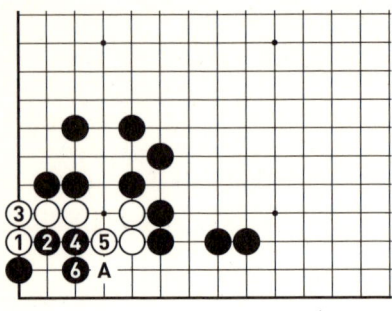

백 1로 차단한다면 이후 흑 6까지 외길 수순으로 백은 쉽게 잡히게 된다. 백이 1 대신 3으로 차단하는 수 역시 흑 A로 두어서 수상전으로 백을 잡을 수 있다.

그림 14

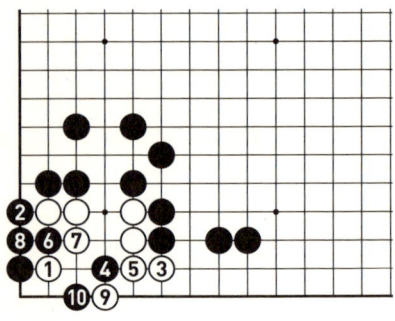

흑 한 점을 차단하는 변화는 백이 안 되기 때문에 흑을 넘겨주고 백이 원하는 곳을 두는 생각을 해보자. 백 1, 3으로 넓히는 것이 일감이지만 흑 4, 6으로 비교적 쉽게 잡히게 된다.

그림 15

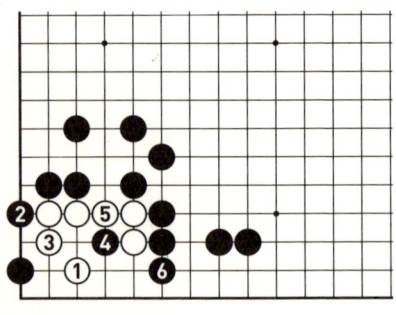

백 1로 한 발 늦춰서 받는 것은 이후 6까지 백이 사는 궁도가 나오지 않는다.

그림 16

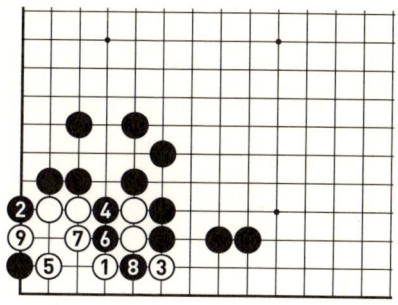

백은 1, 3으로 모양을 갖추는 것이 좋다. 흑 4가 급소이지만 백은 5로 붙여서 두 점을 희생하고 패를 만들 수 있다. 흑이 4 대신 5로 둔다면 백이 4의 자리를 차지하여 살 수 있다.

그림 17

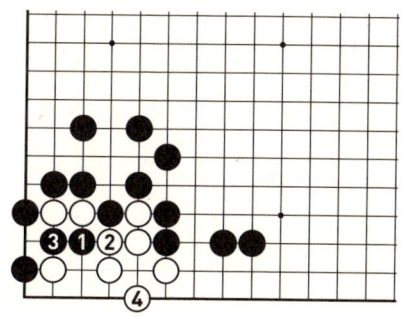

전 그림 6으로 흑 1로 단수 친다면 역시 백 두 점을 잡을 수는 있지만 전체를 잡을 수는 없다.

그림 18

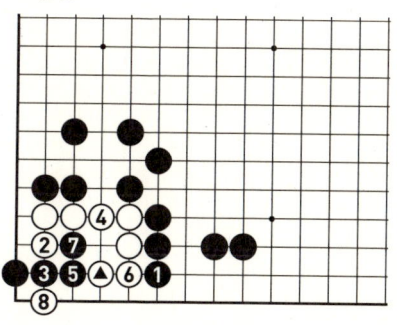

흑이 1로 백의 안형을 없애면 그때 백은 2로 차단할 수 있다. ⓐ와 흑 1의 교환이 그림 10과 같은 수단을 방비하고 있다. 이 수상전은 백이 한 수 빠른 모습이다.

그림 19

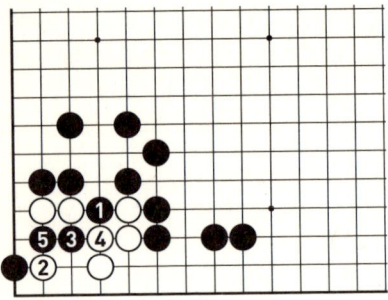

흑은 한 점을 넘기 전에 1로 끼워서 응수를 묻는 것이 좋은 타이밍이다. 백 2는 급소이며 이때 3의 자리까지 백이 두게 된다면 흑은 어떤 곳에 두 수를 두어도 안 되기 때문에 흑 3은 절대. 같은 이유로 백 4, 흑 5 역시 절대의 자리이다.

그림 20

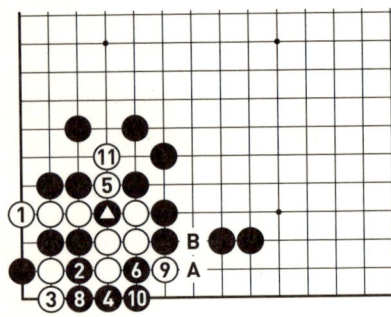

이어서 백 11까지는 외길 수순. 흑백 서로에게 다른 선택이 있을 수 없다. 이 때 흑은 A, B 두 가지 선택이 있다.

●…⑦

그림 21

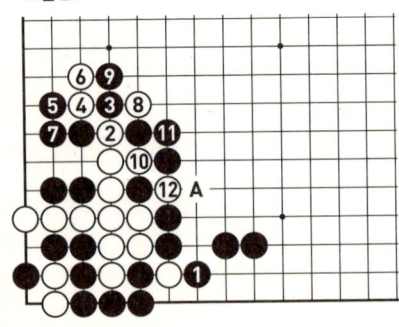

흑 1로 잡는다면 12까지는 역시 외길 수순. 이때 바깥쪽의 약점 때문에 흑은 A로 바로 막을 수는 없다.

그림 22

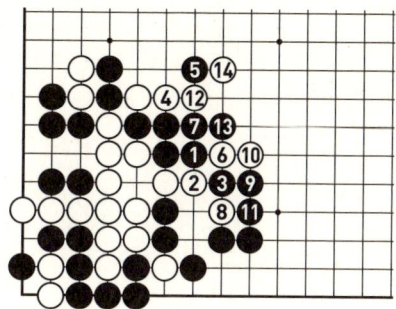

흑은 1, 3으로 막은 뒤 5로 두는 것이 유명한 '진신두(鎭神頭)'의 묘수처럼 보이지만 지금은 14까지 성립하지 않는다.

그림 23

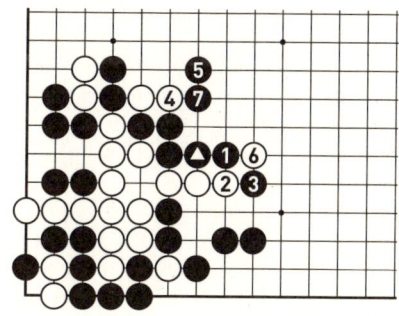

흑은 1로 한 번 더 늦춰서 받는 것이 정수. 이 그림은 백이 탈출이 불가능한 모습이다. 참고로 ●로 1로 한 칸 뛰어 두는 것도 결과는 같아진다.

그림 24

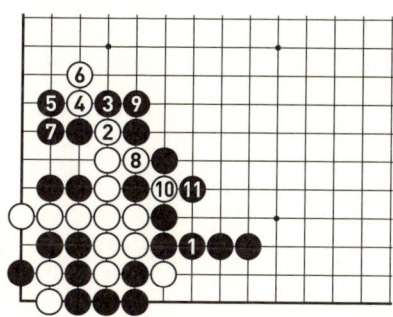

흑 1로 받는다면 지금처럼 11로 바로 막을 수 있다는 장점이 있다. 하지만!

그림 25

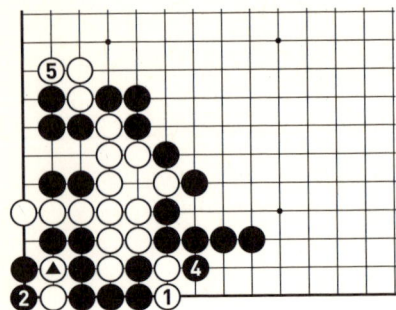

백 1, 3의 교환으로 백이 한 수가
늘어나게 되면서 좌변 수상전에서
패가 된다.
Ⓐ … ③

그림 26

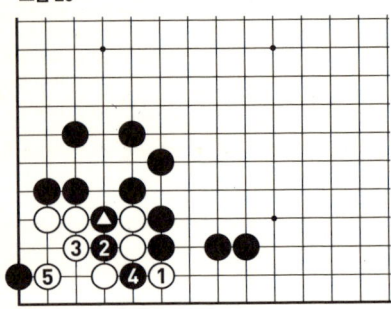

●로 두었을 때 백 1로 젖히는 수
도 생각할 수 있다. 흑이 2로 단수
친다면 백은 두 점을 희생하고 귀
에서 패를 만들 수 있다.

그림 27

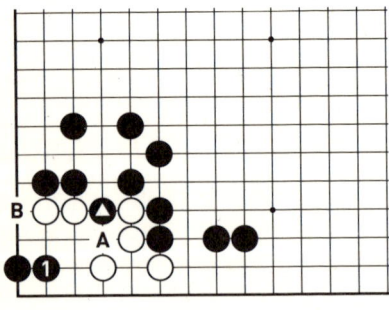

흑 1이 급소. 이후 A, B를 맞보기로
백을 잡을 수 있다. 그림 16에서 B
대신 ●가 있다는 것이 차이점이다.

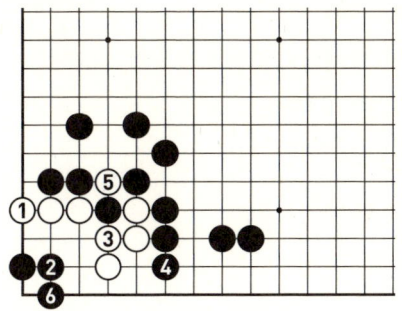

그림 28

백 1로 차단하는 것 역시 이후 흑 6까지 백이 살 수 없다. 수순 중 흑 4로 5 자리에 잇는다면 백이 4로 젖혀서 살게 되는 점에 주의해야 한다.

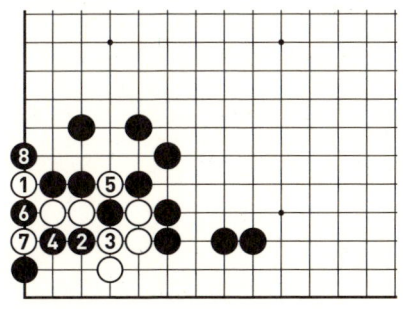

그림 29

백이 바깥쪽 흑 약점을 노리고 1로 젖힌다면 흑은 전 그림처럼 둘 수 없다. 대신 흑 2, 4, 6으로 두어 백을 잡을 수 있다.

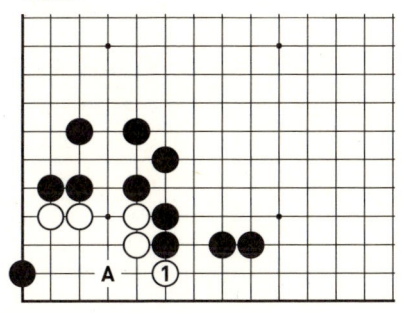

그림 30

백은 그림 16의 모양을 만들고 싶지만 A로 두는 것은 앞에서 본 것처럼 불가능하다. 그래서 백은 A 대신 1로 젖혀서 두는 것을 생각할 수 있다

그림 31

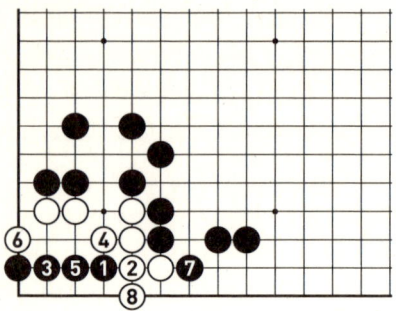

흑 1, 3으로 두어 유가무가처럼 보이지만 백의 바깥쪽 수가 생각보다 많다. 이 그림은 흑이 한 수 부족이다.

그림 32

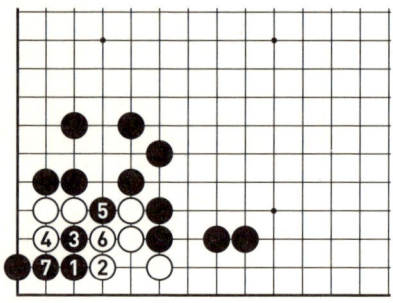

흑은 1로 한 칸 뛰는 수도 생각할 수 있다. 이때 백이 2로 받는 것은 흑 3으로 치받은 후 4, 5 자리를 맞보기로 해서 백을 잡을 수 있다.

그림 33

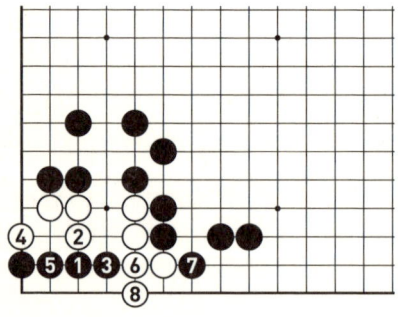

백은 2로 치받는 수가 올바른 응수. 흑이 패를 피하기 위해서는 3, 5로 두어야 하지만 이후 8까지 진행되면 그림 31과 같이 흑이 한 수 부족이다.

그림 34

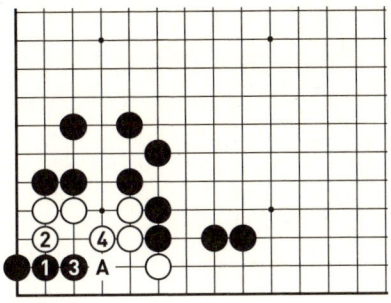

흑 1 역시 백이 2, 4로 두어 백을 잡을 수 없다. 패를 피하기 위해서는 A를 두어야 하지만 그렇게 되면 수상전을 흑이 이길 방법이 없다.

그림 35

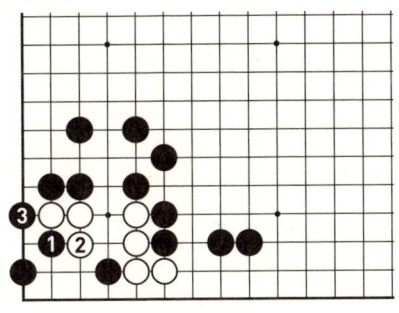

흑은 그림 31의 흑 3 대신 지금처럼 1로 붙이는 것이 잘 떠오르지 않지만 수상전의 급소이다. 백이 2로 받는 것은 3으로 넘어가서 그림 14와 같아진다.

그림 36

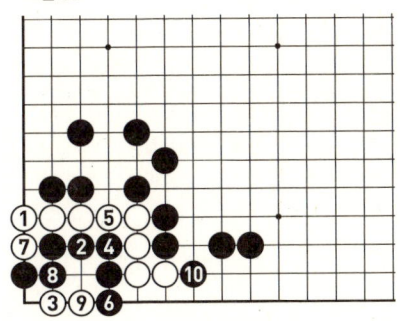

백 1로 차단한다면 흑 2, 4, 6으로 두는 것이 좋다. 이 그림은 수상전에서 흑이 한 수 빠른 모습이다.

그림 37

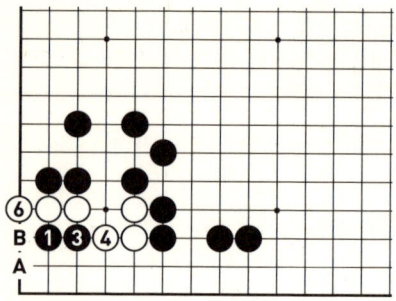

첫 수로 흑 1로 붙이는 수는 백이 2로 늘어두었을 때 별다른 수단이 없다. A, B 교환이 없는 것이 그림 13과의 큰 차이점이다. 흑이 1대신 3으로 두어도 백이 4로 응수하여 잡을 수 없다.

그림 38

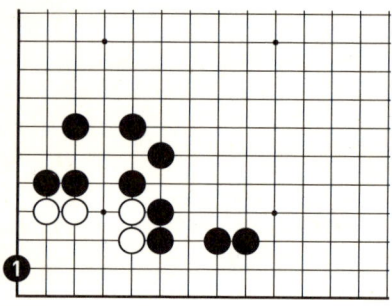

흑 1로 치중 가는 것이 백을 잡을 수 있는 유일한 방법이며 이 문제의 정답이다. 이후 백의 여러 가지 버팀이 있지만 그림 23, 그림 36 등으로 결국 백은 살지 못한다.

가장 최근에 만든 문제

★★★★★

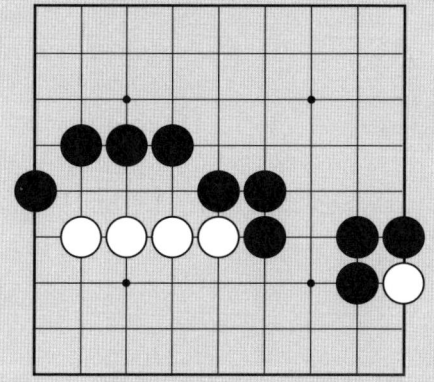

...

가장 최근에 만든 문제.
9줄 바둑에서만 성립하는 문제이다.

그림 1

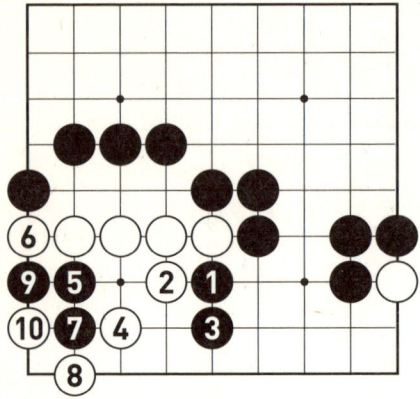

흑 1, 3은 가장 단조로운 공격. 이 그림은 단패이며 흑에게 만족스럽지 못한 결과이다.

그림 2

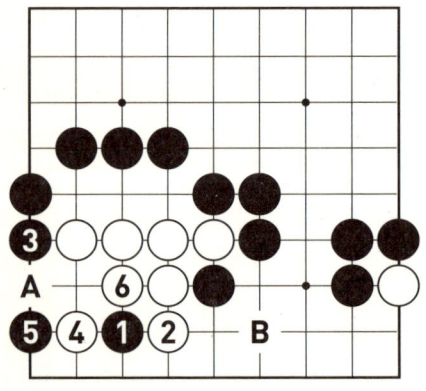

전 그림 3으로는 흑 1로 치중 가는 수도 급소이지만 이후 6까지 A, B가 맞보기가 되어 단패가 된다.

그림 3

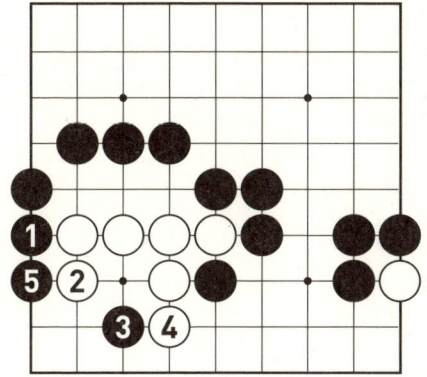

흑은 그냥 1로 밀고 들어가는 수가
좋다. 이 그림은 흑 1, 백 2의 교환
으로 인해 백이 전 그림처럼 패를
만드는 수단이 없어졌다.

그림 4

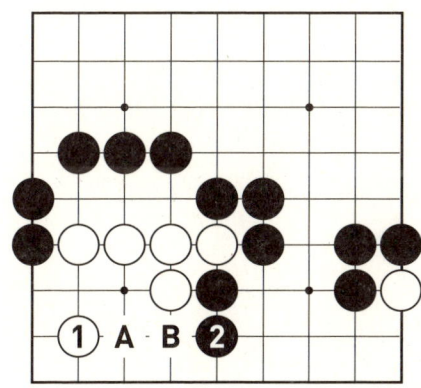

백 1로 한 칸 뛰는 수 역시 흑 2로
늘어서 백이 잡히게 된다. 흑 A, 백
B 교환이 없는 것이 그림 2와 다른
점이다.

그림 5

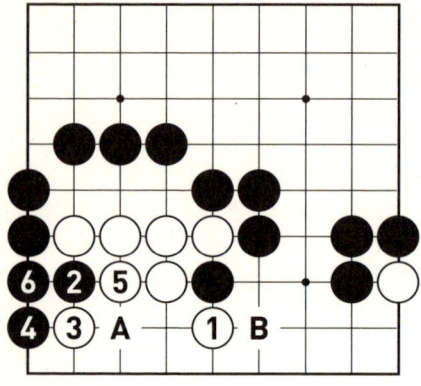

백 1로 단수 치는 수 역시 이후 6까지 A, B를 맞보기로 잡을 수 있다.

그림 6

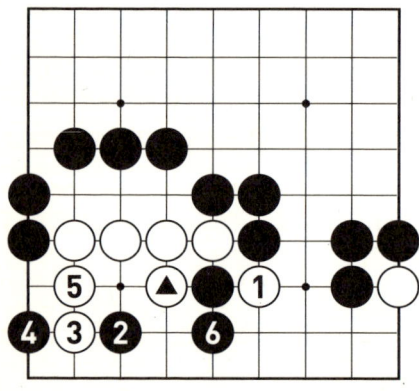

백 1로 끊는다면 흑 2~6이 좋은 수순. 이 그림 역시 흑 4, 백 5의 교환으로 인해 백이 그림 2처럼 패를 만드는 수단이 사라졌다. 백은 ▲로 다른 응수를 찾아야 한다.

그림 7

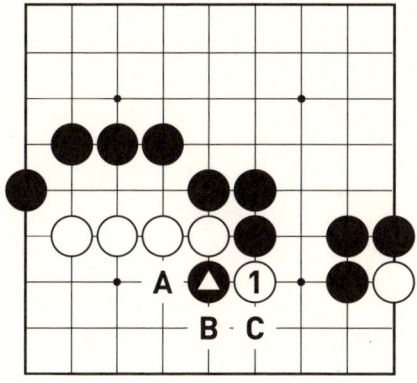

백은 먼저 1로 끊는 수가 좋은 타이밍이다. 흑의 응수에 따라서 백 A를 더 확실하게 선수로 만들 수 있다. 또한 흑이 응수하지 않는다면 백 B나 C로 ● 한 점을 더 효율적인 모양으로 제압할 수 있다. 지금 흑이 C로 두는 것은 백 A가 선수가 되어 절대 잡을 수 없다.

그림 8

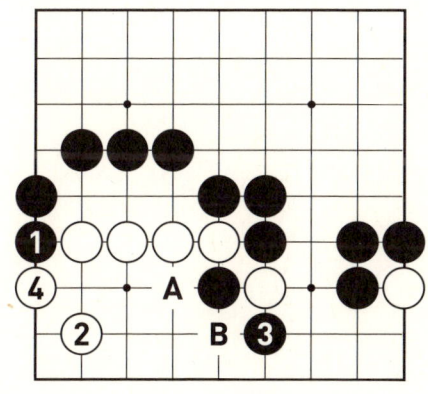

지금 상황에서 흑 1로 밀고 들어가는 수는 백 2로 되지 않는다. 이 모양은 그림 4와 다르게 백 A, 흑 B 교환이 없기 때문에 백이 살아 있는 모습이다.

193

그림 9

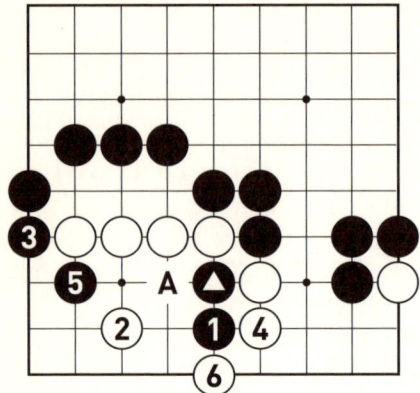

흑 1로 둔다면 백은 2로 한 칸 뛴다. 이후 A의 곳이 선수가 된다면 그림 1과 같아지기 때문에 흑은 두 점을 살리지 못하고 3, 5로 버텨보지만 백은 6으로 두어 살게 된다. 흑이 첫 수로 ●로 젖히는 수는 결국 단패 이상을 만들지 못한다.

그림 10

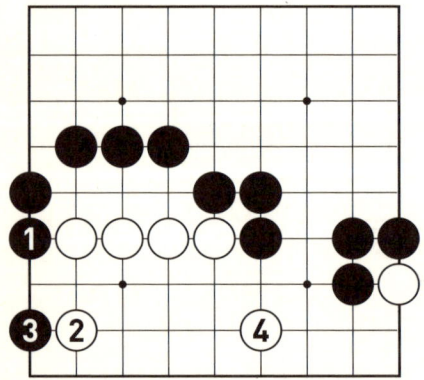

흑이 1, 3으로 밀고 들어간다면 백은 4로 둔다.

그림 11

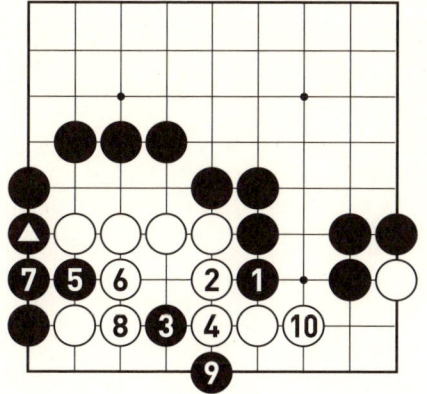

흑은 1~9까지 최선을 다해보지만 백을 잡을 수는 없다. 흑은 7 대신 8로 끊어 단패를 만드는 정도로 만족해야 한다. 첫 수로 ●로 밀고 들어가는 수 역시 실패이다.

그림 12

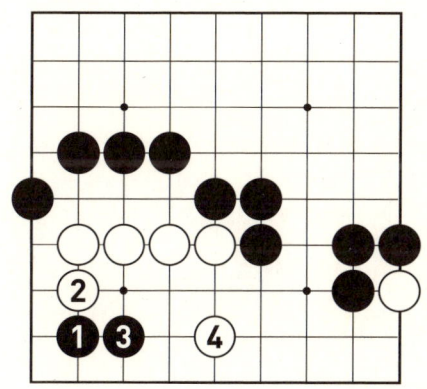

흑 1로 치중 가는 수 역시 잘 안 된다. 백의 수도 많고 궁도도 넓기 때문에 흑은 수상전을 하는 것도, 궁도를 좁혀서 잡으러 가는 것도 여의치 않은 모습이다.

그림 13

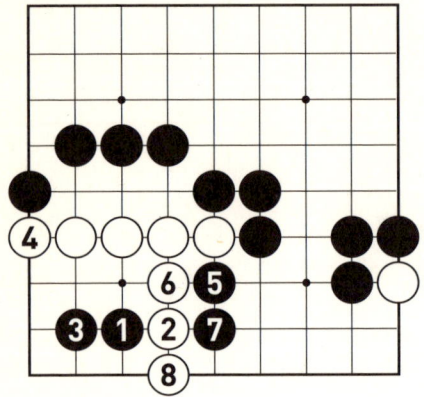

전 그림과 수순을 바꿔 흑 1, 3으로 두는 것 역시 백의 바깥쪽 수가 많아서 백을 잡을 수 없다.

그림 14

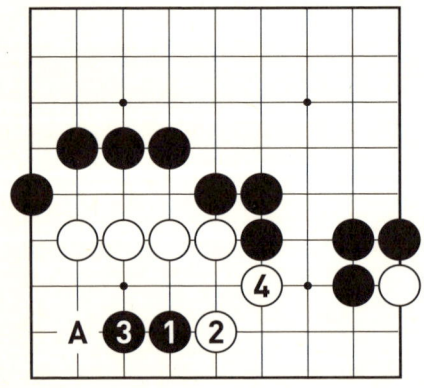

흑 1이 사실상 마지막으로 남은 흑의 가능성. 백 2는 그곳을 흑이 두게 된다면 백이 다른 어떤 곳에 두 수를 두어도 살 수 없기 때문에 절대이며 백 4까지는 외길 수순이라고 볼 수 있다. 이후 흑이 A로 두는 것은 그림 12와 같은 모양이 되면서 수상전의 형태가 되지만 두 수 부족으로 흑이 안 된다.

그림 15

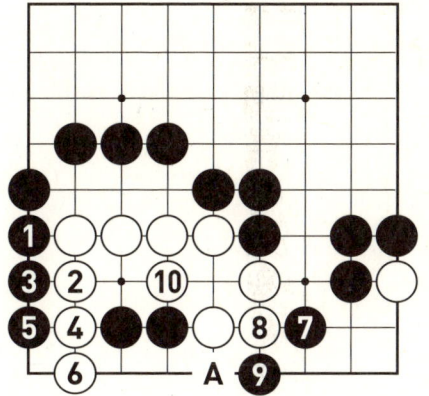

흑 1로 밀고 들어가는 것은 이후 10까지 백이 살게 된다. 백 2, 4, 6의 위치에 백 돌이 오게 되면서 백은 흑 9때 A로 받지 않고 10으로 받는 수가 가능해졌다.

그림 16

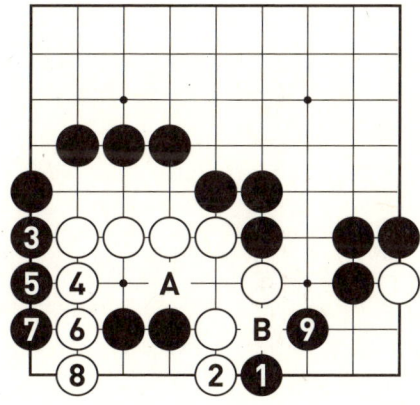

흑 1로 먼저 백의 응수를 물어보는 것이 좋은 타이밍이다. 이후 9까지 진행된 이 그림은 백이 잡힌 모습이다. 백이 8로 A로 응수하면 흑이 B로 두어서 역시 잡히게 된다.

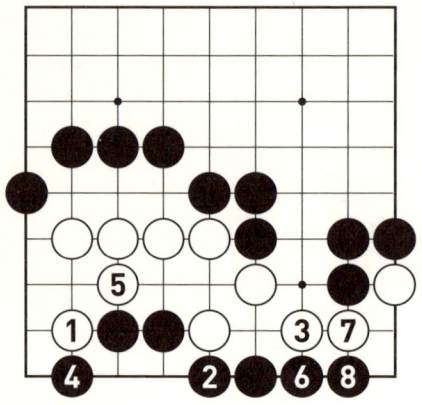

그림 17

백 1로 응수하는 것은 이후 8까지 흑이 넘어가는 수가 가능해진다. 이 그림 역시 백이 잡힌 모습이다.

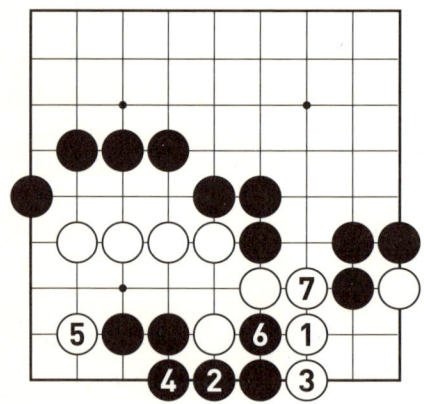

그림 18

백 1로 바깥쪽에서 받는다면 흑 2는 선수가 되지만 4까지 선수가 되지는 않는다. 흑은 4로 귀 방면을 두어서 수상전의 형태를 만들어야 할 것이다.

그림 19

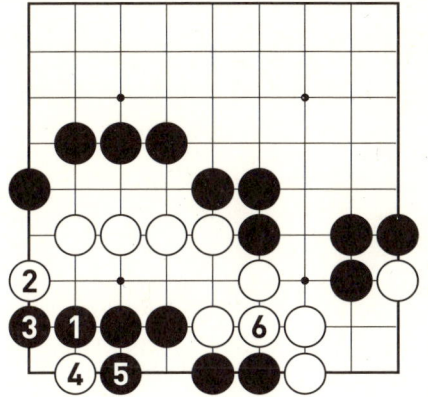

흑 1로 두는 것은 백 2, 4가 좋은 수로 단패가 된다. 흑이 3 대신 4에 두어도 백이 3으로 두어서 수상전 이 불가능하다.

그림 20

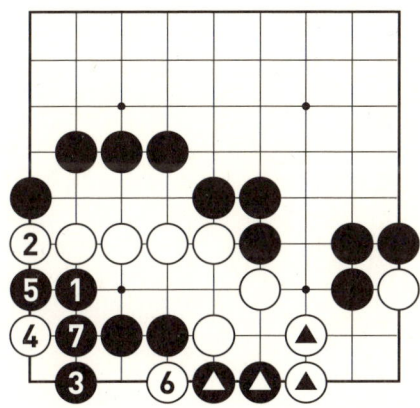

흑 1, 3이 정확한 수순. 전 그림과 달리 귀의 한 집을 확보하면서 수 상전의 급소인 3의 자리까지 둘 수 있게 되었다. ▲ 표시된 돌들의 교 환이 수상전에 굉장히 큰 도움이 되고 있다.

그림 21

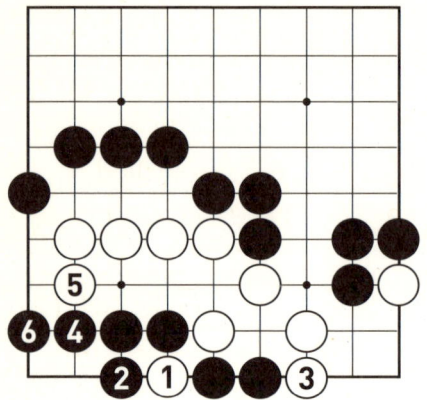

백 1로 먼저 먹여 친다면 이후 흑 6 까지 쉽게 잡을 수 있다. 그림 19와 비교했을 때 백 1, 흑 2의 교환이 수상전에서 백에게 한 수 손해가 되었다.

그림 22

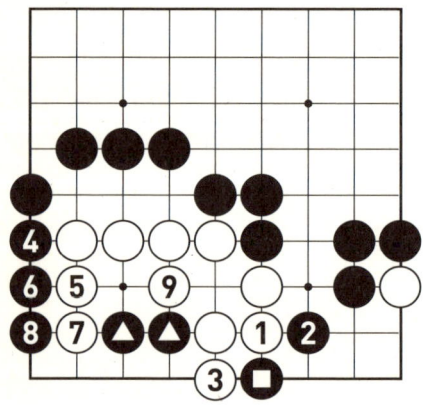

백이 ▲ 두 점을 그림 16처럼 차 단하는 것은 궁도가 좁아져서, 그 림 18처럼 ■까지 크게 차단하려 는 것은 수부족으로 백이 잡혔다. 백 1은 그 사이에서의 해법을 찾 는 수. 이때 흑이 2로 쉽게 두는 것 은 이후 9까지 백이 살 수 있다. 백 1, 흑 2의 교환으로 인해 흑은 그림 16과 달리 자충을 이용할 수 없게 되었다.

그림 23

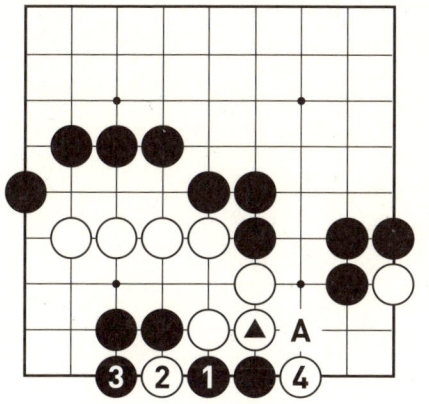

흑 1로 넘어가는 것은 절대. 이후 2
로 먹여 칠 때 3으로 따내는 것은
흑의 실패로 돌아간다. 이 모양은
백 돌의 위치가 A에서 ▲로 옮겨진
만큼 백이 수상전에서 이득을 봤
고, 단패가 되는 모습이다.

그림 24

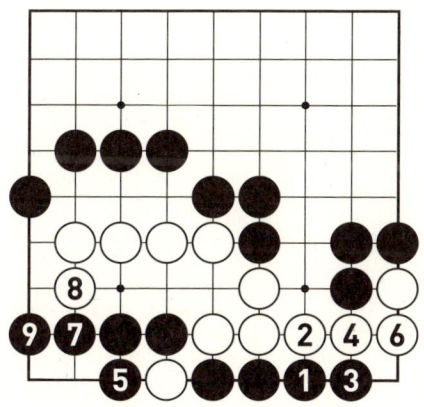

흑은 1, 3으로 나가두는 것이 수상
전에 이득이며 이 그림은 한 수 차
이로 백이 잡히게 된 모습이다.

201

그림 25

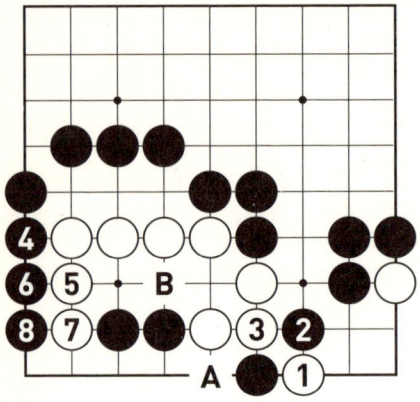

백 1로 붙이는 수는 전 그림처럼 흑이 나가는 수단을 방비하는 의미이지만, 이때는 흑이 다른 방법으로 잡을 수 있다. A에 백 돌이 없기 때문에 흑이 8까지 밀고 들어가면 백이 B로 받는 것이 성립하지 않는다.

그림 26

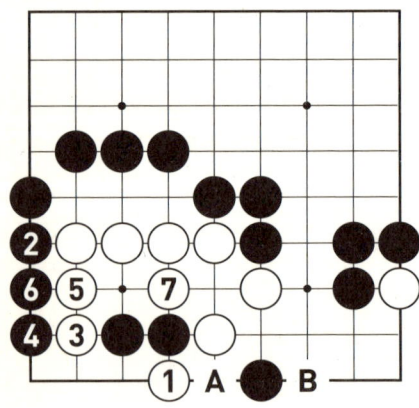

백 1 역시 사활과 수상전을 동시에 생각한 수. 흑이 2로 밀고 들어간다면 백이 7까지 패를 만들 수 있다. 흑 2로 A에 끊는 수는 B로 두어 그림 23과 같아지기 때문에 생각할 수 없다.

그림 27

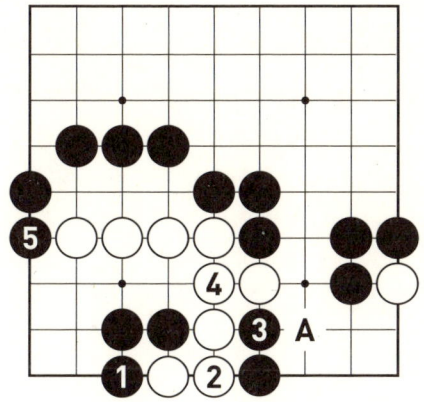

흑은 1로 단수치는 수를 생각할 수
있다. 백이 2로 받는 것은 이후 5까
지 쉽게 잡히게 된다. 백 2로 A에
두는 것 역시 흑이 2로 따낸다면
그림 21과 같아지기 때문에 백이
생각할 수 없다.

그림 28

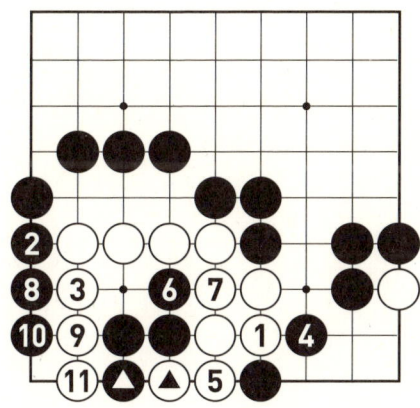

백 1로 두는 것이 정수로 11까지
진행된 이 그림은 백이 사는 모습
이다. ▲의 교환으로 인해 그림 24
와 같은 모양을 흑이 만들 수 없게
되었다.

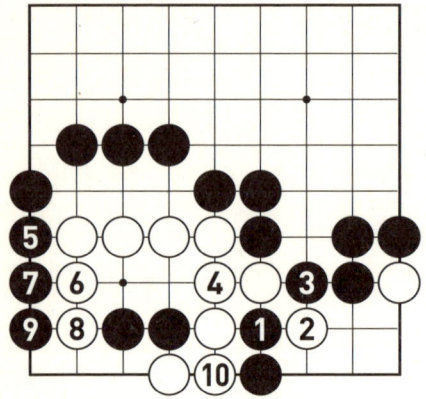

그림 29

흑 1로 두는 수도 이후 10까지 흑
이 잘 되지 않는다. 흑이 3, 4 교환
을 생략하는 것은 그림 26과 같은
결과가 된다.

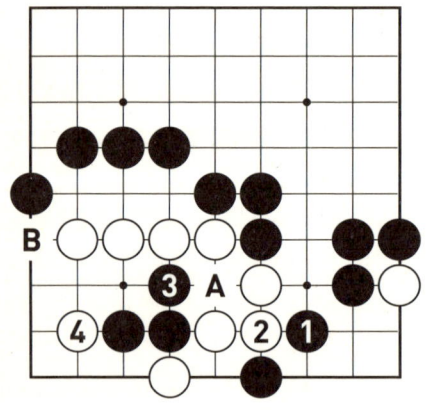

그림 30

흑 1이 흑의 마지막 남은 가능성.
이후 3으로 두는 것은 백 4로 붙여
서 살게 된다. 백 4로 만약 A에 받
아준다면 흑이 B로 두어 백은 잡히
게 된다.

그림 31

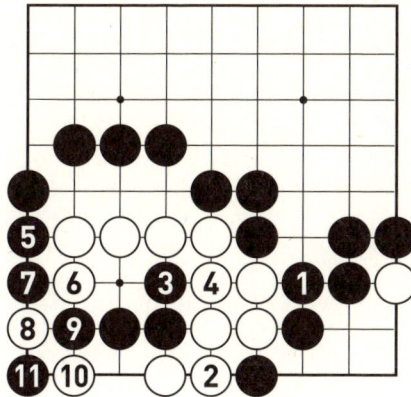

흑은 1, 2의 교환을 통해 3을 확실한 선수로 만들 수 있다. 이후 11까지 외길 수순으로 흑이 유리한 한 수 늘어진 패를 만들 수 있다. 비록 백을 잡는 것은 실패했지만 지금처럼 유리한 한 수 늘어진 패를 만드는 것이 흑의 최선이며 이 문제의 정답이다.

전체를 보는 눈

★★★★★

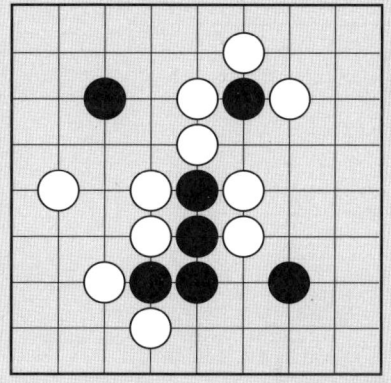

...

9줄 바둑에서만 성립하는 문제.
원래 의도했던 문제와는 상당히 달라져서
아쉬움이 많이 남는 문제이다.

그림 1

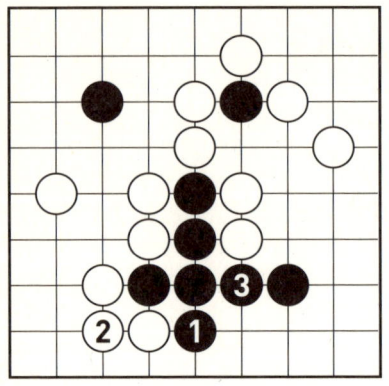

흑 1, 3은 가장 쉬운 일감. 하지만!

그림 2

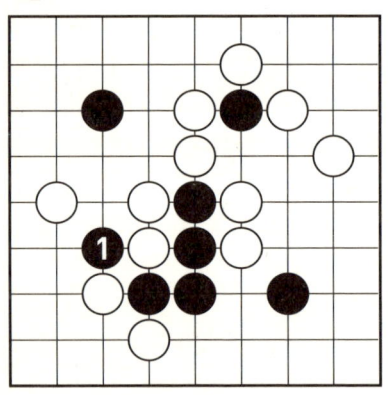

흑 1로 끊는 수가 어떻게 되는지 확실하게 짚고 넘어가야 한다.

그림 3

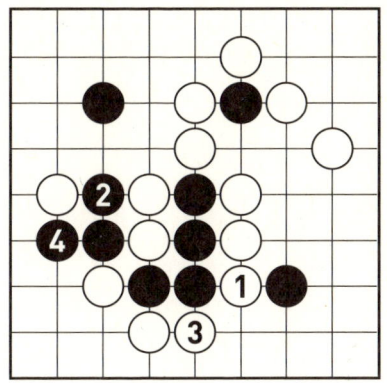

백 1로 평범하게 응수하는 것은
흑 2, 4로 반대편에서 수가 난 모
습이다.

그림 4

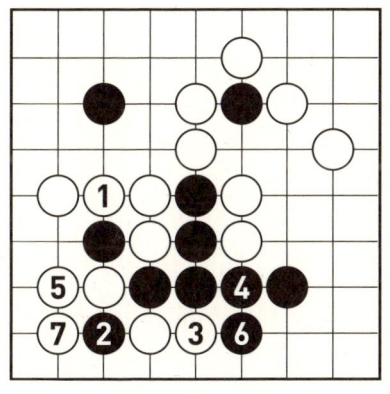

하지만 백 1로 받아서 흑이 잘 되
지 않는다. 우하 귀 흑 모양은 사는
궁도가 나오지 않기 때문이다. 흑
은 그림 1 외에 다른 수는 안 된다
고 할 수 있다.

그림 5

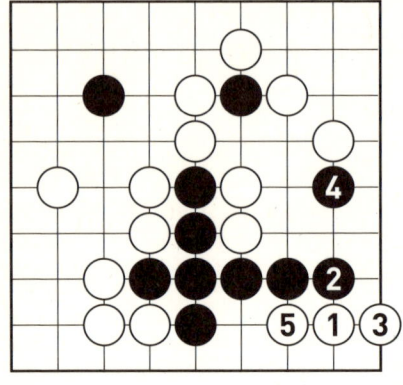

그림 1에 이어 백 5까지는 외길 수
순. 백의 다른 응수들은 간단히 수
가 나게 된다. 이후 흑은 여러 가지
수들을 생각할 수 있다.

그림 6

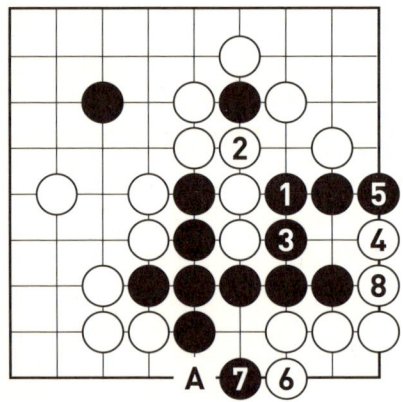

흑이 쉽게 1, 3으로 궁도를 넓히는
것은 이후 백 8까지 수 부족으로
되지 않는다. 흑이 1로 A나 5로 두
어서 궁도를 넓히는 수 또한 수 부
족으로 결과는 같다.

그림 7

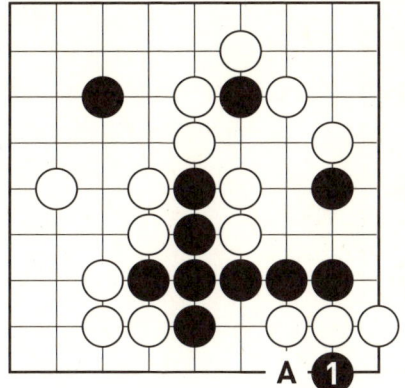

흑이 바깥쪽 궁도를 넓히는 수들은 여의치 않았기 때문에 흑 1은 필연적으로 생각하게 되는 수. 이후 백도 A에 두어 수상전을 노려야 하지만 그 전에 흑의 바깥 수들을 효율적으로 줄여놓아야 한다.

그림 8

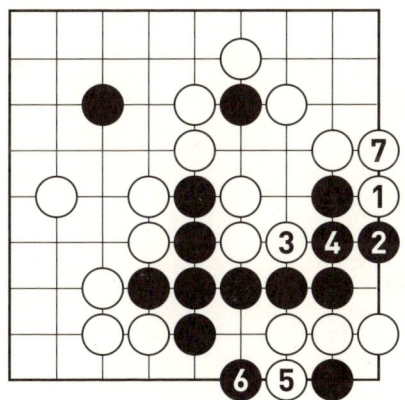

백 1, 3이 가장 효율적으로 흑의 수를 줄이는 방법. 이 그림은 흑의 수 부족이다

그림 9

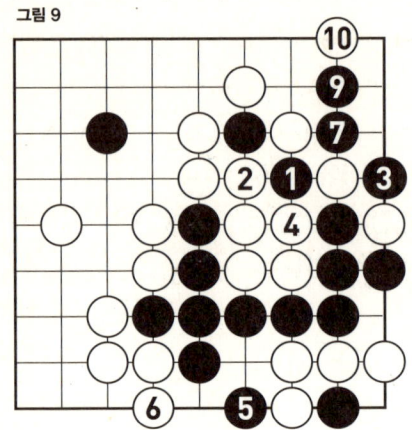

그림 6으로 흑 1로 찝는 수는 부분적으로 좋은 수지만 어차피 백 10까지 잘 되지 않는다. 수순 중 백 2를 7로 이어서 받는 것은 흑이 5로 두어 수상전 결과가 달라진다.

❶…⑧

그림 10

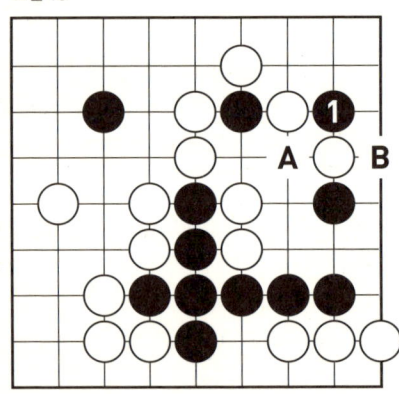

흑이 우하 귀에서 생각할 만한 수는 더 이상 남아 있지 않다. 전 그림이 가장 유력한 시도였지만 A 또는 B가 선수가 되지 않고서는 안 되기 때문에 흑 1은 유일하면서 당연한 시도라고 할 수 있겠다.

그림 11

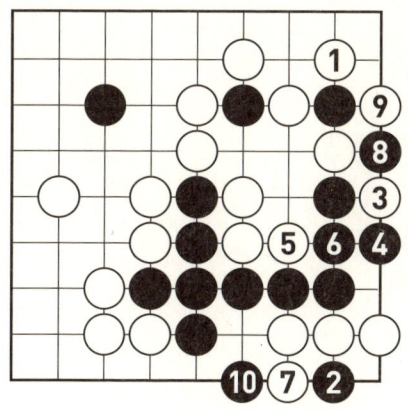

백 1로 받는 것은 이후 10까지 흑이 쉽게 수를 낼 수 있다.

그림 12

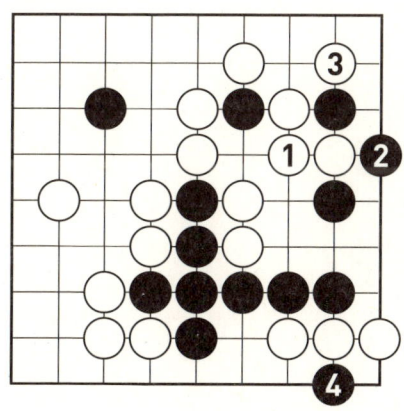

백 1로 받는 것은, 흑 2의 곳이 선수가 되면 역시 우하 귀의 수상전 결과가 달라지면서 흑이 살 수 있게 된다.

그림 13

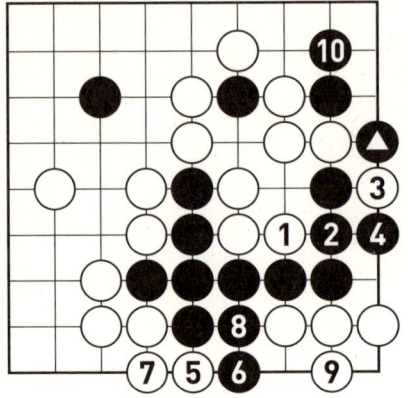

따라서 ●로 두었을 때 백은 우상 귀를 받지 못하고 백은 1~7의 교환 후 9로 우하 귀를 두어야 한다.

그림 14

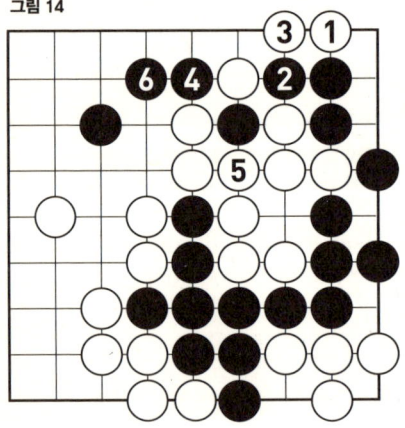

흑 6까지는 외길 수순.

214

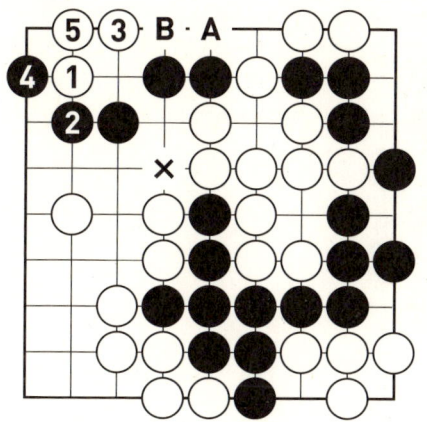

그림 15

A 또는 B가 흑의 선수 권리이기 때문에 백 1, 3은 어쩔 수 없는 선택. 이후 흑은 ×의 중앙을 끊는 약점을 이용하여 수를 내야 한다.

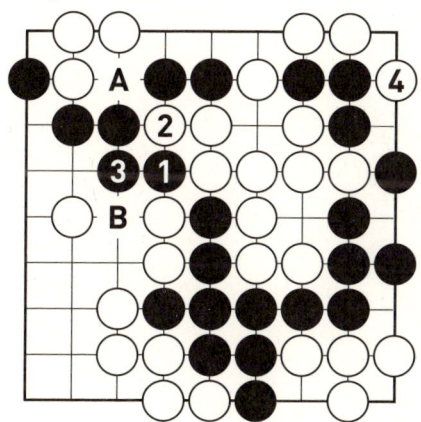

그림 16

흑이 바로 끊어가는 수는 백 4 다음 A, B가 맞보기로 흑 실패이다.

그림 17

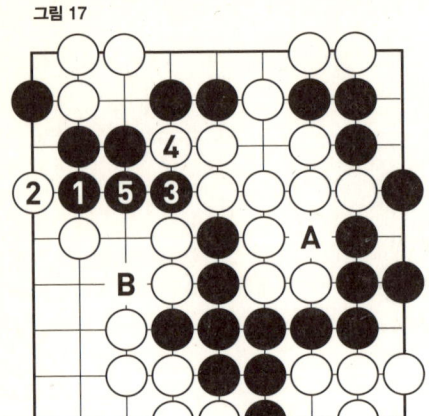

흑은 1, 2의 교환을 미리 해두어야 한다. 흑 1, 백 2의 교환을 통해 흑은 A, B를 맞보기로 수를 낸 모습이다.

그림 18

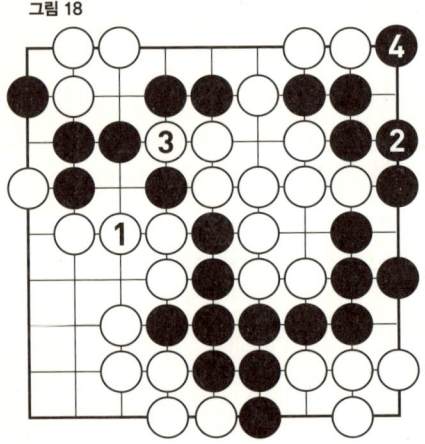

백 1로 그냥 이어서 받는다면 이번엔 흑 2, 4로 우상 귀에서 패가 만들어진다.

그림 19

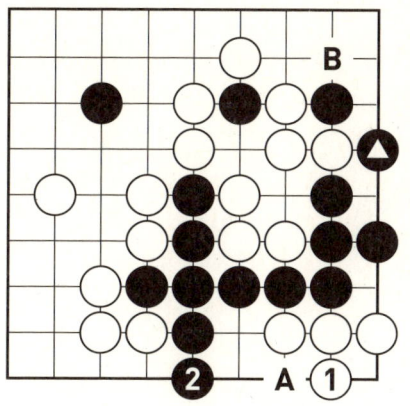

● 때 백 1은 우하 귀를 선수로 처리해보려는 시도지만, 흑 2로 두어 A, B가 맞보기가 된다. 결국 ●로 둔 이후에는 백이 패를 피할 방법이 없다.

그림 20

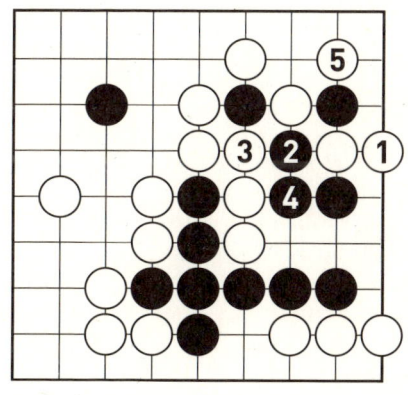

백 1이 생각해보지 않았던 유일한 버팀. 이후 5까지는 외길 수순이라 할 수 있다.

그림 21

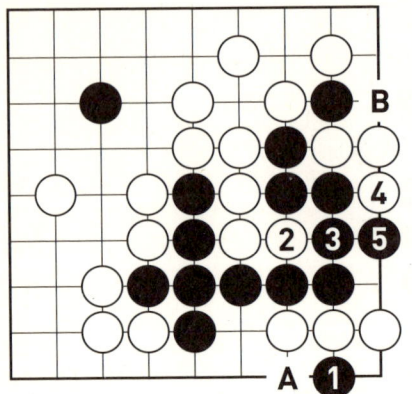

흑 1은 일감. 이후 백이 2, 4로 바깥쪽에서 접근하는 것은 흑 5 이후 A, B가 맞보기로 잡히지 않는 모습이다. 오른쪽 백 돌 석 점의 부담이 커지면서 백이 A를 둘 타이밍이 여의치 않아졌다.

그림 22

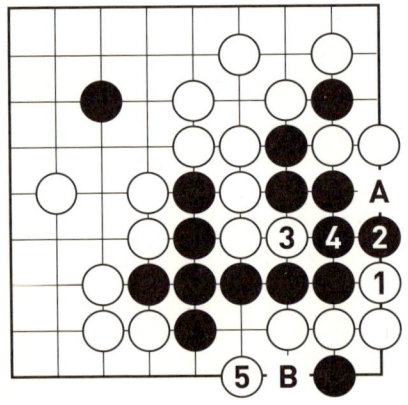

이번에는 백 1로 두는 수를 생각할 수 있다. 이후 5까지의 진행은 흑이 수 부족이다. 흑 2로 A에 두는 수 역시 백이 B로 두어서 응수가 없다.

그림 23

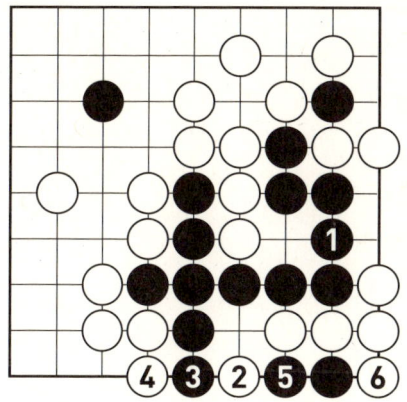

흑은 그냥 1로 이어두는 수가 정수. 백 4까지 안 된다고 생각하기 쉽지만 흑 5, 7로 자충을 피해 패를 만들 수 있다.

5 … **7**

그림 24

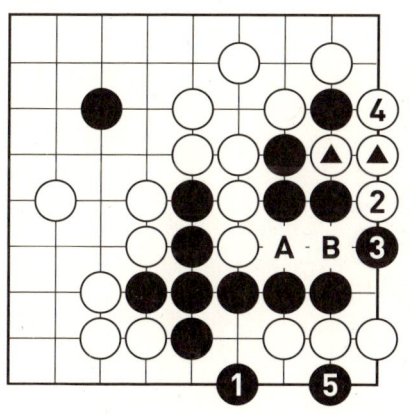

그림 21에서 흑은 1로 두는 수도 가능하다. ▲ 돌들이 무거워져서 백이 A, B 교환을 할 시간이 없다.

그림 25

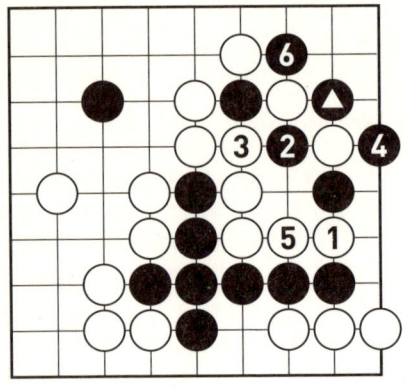

●로 두었을 때 백 1로 끼우는 수역시 이후 6까지 흑은 우상 귀에서 패를 만들 수 있다.

그림 26

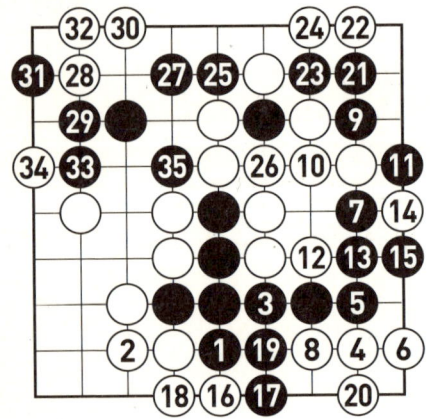

좌상 귀 흑 한 점은 두 수를 두어도 잡혀 있는 모양이기 때문에 흑은 우하 귀에서부터 출발할 수밖에 없다. 이후 백이 흑 우하 귀를 잡으러 가는 과정에서 생기는 약점들을 이용하여 좌상 귀에서 패를 만드는 것이 이 문제의 정답이다.

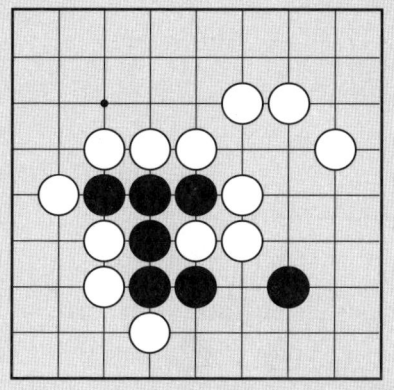

...

원래 처음에 생각했던 문제 형태.

그림 1

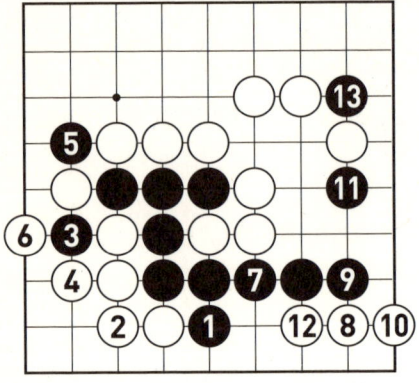

흑이 3으로 먼저 끊어두는 것이 좋은 타이밍. 백 4를 5로 둔다면 흑이 8로 두어 살 수 있다. 이후 13까지는 정답과 같은 수순.

그림 2

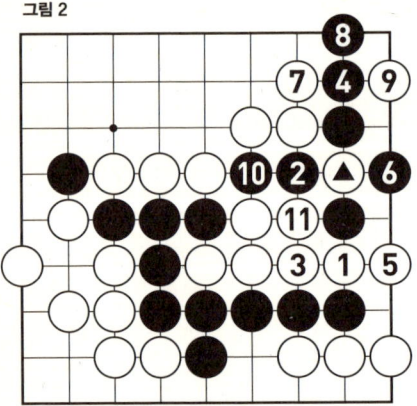

백은 1로 끼우는 수 외 다른 수단은 없다. 이후 12까지 외길 수순.
Ⓐ … ⑫

그림 3

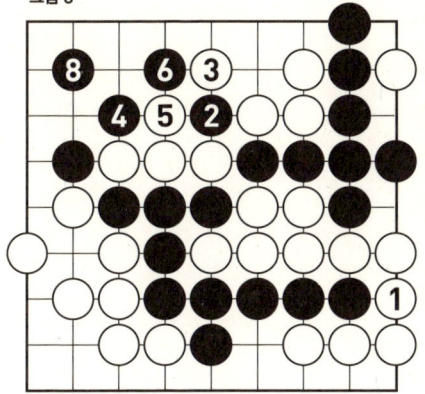

백이 1로 받는다면 흑 2로 끊은 후 8로 모양을 만든다.

2 … ⑦

그림 4

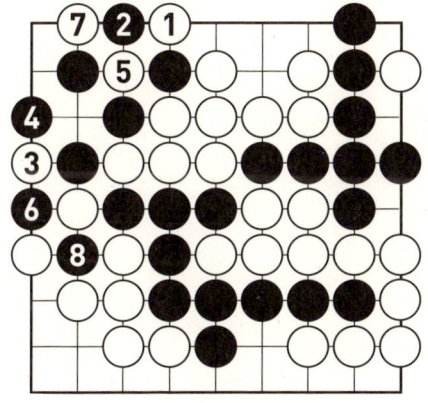

보통은 백 1, 3으로 단수 쳐서 양패가 되는 모양이지만 지금은 백에 약점이 있어서 조금 다르다.

223

그림 5

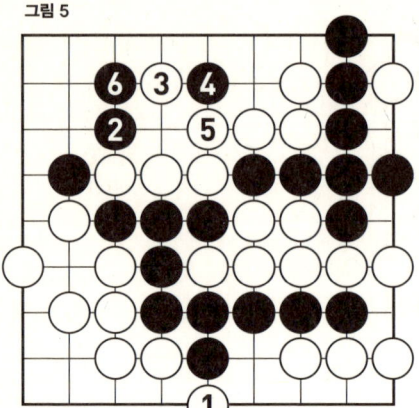

백이 1로 받는다면 흑이 전 그림과
같이 둘 수는 없다. 그때는 흑 2가
정수. 백이 3으로 뜬다면 흑 4, 6이
좋은 수순이다.

그림 6

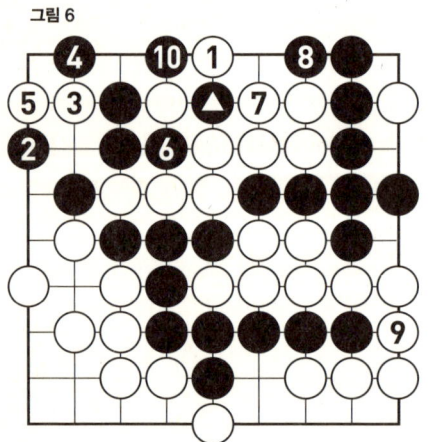

흑은 이후 10까지 ● 한 점을 이용
하여 귀에서 패를 만들 수 있다.

그림 7

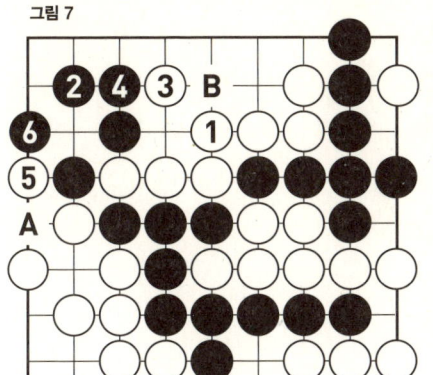

백이 1로 이어도 흑 6까지 패를 만들 수 있다. 이후 백이 A에 잇는다면 흑은 B로 두어서 패가 된다.

그림 8

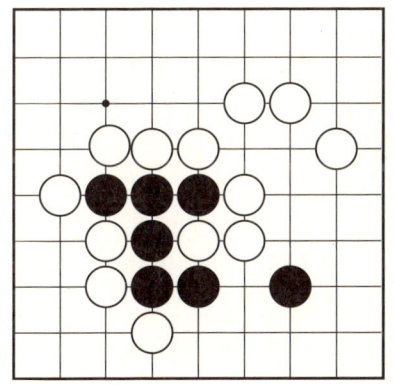

전 그림이 이 문제에서 원하던 정답이었으나 수순 도중 흑이 더 쉽게 수를 낼 수 있는 방법이 발견되어 문제가 성립하지 않게 되었다. 굉장히 아쉬운 부분이다. 다른 답은 독자 분들의 숙제로 남겨 놓는 것이 좋겠다. 아마 20번 문제의 변화들을 자세히 보았다면 어렵지 않게 찾을 수 있을 것이다.

225

감사의 글

함께 문제를 풀면서 오류의 가능성을 줄여준 많은 동료 기사들과 이 책을 내는 데 많은 도움을 주신 한국물가정보 노승권 대표님께 감사를 전합니다.

시크릿

초판 1쇄 발행 | 2018년 4월 25일

지은이 | 김지석
발행인 | 노승권

주소 | 경기도 파주시 회동길 354
전화 | 031-870-1053(마케팅), 031-870-1061(편집)
팩스 | 031-870-1098

발행처 | (사)한국물가정보
등록 | 1980년 3월 29일
이메일 | booksonwed@gmail.com
홈페이지 | www.daybybook.com

● 책읽는수요일, 라이프맵, 비즈니스맵, 마레, 사흘, 생각연구소, 지식갤러리, 피플트리,
  스타일북스, 고릴라북스, B361은 KPI출판그룹의 단행본 브랜드입니다.